马斯克工作法

胡溪 罗思敏 著

化学工业出版社

·北京·

内 容 简 介

想认真学习，却总是觉得时间不够。

渴望成功，却摔在目标不清晰这个巨大的门槛上。

马斯克是如何创业的？他的成就是如何取得的？

马斯克的成就离不开这些工作方法。不是人人都能成为马斯克，但他的这些理念和方法像费曼学习法一样，适合大多数普通人修炼与提升。本书将马斯克在学习、工作、管理中用到的方法做了总结和分解，帮助普通人更好地应用。

图书在版编目（CIP）数据

马斯克工作法 / 胡溪，罗思敏著．-- 北京 ：化学工业出版社，2025．2．-- ISBN 978-7-122-47019-5

Ⅰ．B026

中国国家版本馆 CIP 数据核字第 2025CB2975 号

责任编辑：郑叶琳　　文字编辑：李　彤
责任校对：杜杏然　　装帧设计：韩　飞
特约策划：考拉看看创生文化

出版发行：化学工业出版社
（北京市东城区青年湖南街 13 号　邮政编码 100011）
印　　装：三河市双峰印刷装订有限公司
710mm×1000mm　1/16　印张 8　字数 106 千字　2025 年 3 月北京第 1 版 第 1 次印刷

购书咨询：010-64518888　　售后服务：010-64518899
网　　址：http://www.cip.com.cn
凡购买本书，如有缺损质量问题，本社销售中心负责调换。

定　　价：52.00 元

前言

提及马斯克的创业经历，人们首先想到的是特斯拉和太空探索技术公司（SpaceX 公司）。因为它们是马斯克名下最知名的两家公司，分别代表了马斯克在电动汽车行业和太空探索技术领域的革新和成就。马斯克所采用的一些核心理念和策略，就像费曼学习法一样，对广大人群也具有很高的适用性和很强的促进作用。

本书区别于传统的马斯克传记，通过浅显易懂的方式，详细阐述了马斯克在学习、职场及管理方面的独特策略和方法论。这种解析使得本书内容易于被广大读者消化，并能够实际应用到日常生活中。本书的目的是让更多人不仅了解马斯克的成就，同时也能够借鉴他的经验，应用于个人发展和职业规划之中。

第一章从目标谈起，讲述了马斯克的火星小宇宙——目标的树立、意义及实现目标的四个要素。

第二章主要介绍了马斯克在决策时常用的思考方式——第一性原理思维，这正是他能降低火箭发射成本的秘密。本章最后介绍了如何用好第一性原理。

第三章主要介绍了马斯克的工作方法——Time Boxing（拳

击时间）工作法。时间精益化管理让时间产生了复用效果，马斯克的一年抵别人八年。他的时间管理方式值得所有人学习。

第四章主要讲述了马斯克面临的压力和挑战，以及他如何做好情绪管理，从压力中成长。正是这些压力，塑造了他独特的情绪管理能力，使他能够在逆境中崛起，创造出令人瞩目的成就。

第五章主要阐述了马斯克的创业方式——颠覆式创新。马斯克用“狂人心态”告诉我们，在进行颠覆式创新时需要把握潮流引领需求、打破惯性思维，成为每个领域的专家。

第六章主要介绍了马斯克后悔没有早点掌握的工作方法，例如他在推特上分享的 50 种认知偏差、在访谈中分享的迁移学习能力等。

对于怀揣创业梦想的人来说，要想成为下一个马斯克，不仅需要精通如何构建商业模式和操作资本，同样关键的是必须改变自己的思维方式和提高管理技巧。愿这本书能够给读者提供一定的帮助和借鉴。

目录

第一章

CHAPTER ONE

马斯克的火星小宇宙

——从目标谈起

正如马斯克所说："第一步是要确定：一切皆有可能，那么概率就会发生。"这一富有哲理的观点贯穿了马斯克的创业历程，从 Zip2 公司到 Paypal（贝宝），再到颠覆传统汽车行业、推动可持续能源革命的特斯拉，以及致力于人类太空探索技术的 SpaceX 公司，这些创业项目看似领域不同、毫不相关，实际上都镌刻着他儿时那个伟大而疯狂的梦想——改变世界。

在即将完成大学教育、迈入社会之前，马斯克已经清晰地勾勒出自己的理想蓝图，他决定进军极具潜力且与社会可持续发展紧密相连的 3 个领域——互联网、清洁能源和太空探索。因为他深知，互联网技术是信息时代的基石，对于提高全球效率和推动社会发展具有无可替代的作用；清洁能源则是应对气候变化、实现可持续发展的重要途径；而太空探索是人类文明进步和求知精神的高度体现。尽管涉足这 3 个领域将会面临巨大的技术挑战、极高的商业风险等问题，但这些领域的意义十分重大，值得为之奋斗。

在这 3 个领域中，最疯狂的便是太空探索，这个目标很有意义，也很有难度，然而马斯克凭借着不断学习、不放弃的韧性，孤注一掷的勇气和天生的商业头脑，在一步步实现目标。

一、目标的树立：火星小宇宙

1970 年，美国国家航空航天局（NASA）的一个极具影响力的研究人员——恩斯特·施图林格博士，正全心投入开发火星探测项目。在施图林格博士忙碌而富有激情的研究过程中，一封意外的信件打断了他。

这封来自赞比亚的一位修女玛丽·尤肯达的信，让施图林格博士的内心受到了极大冲击，并开始对自己的职业选择进行深思。尤肯达修女在信中提到，在她居住的非洲地区，许多儿童仍旧承受着饥饿和缺乏营养的痛苦。与此同时，美国的航天机构却在火星探测项目上投入了巨额资金。她质疑道，为何能在对遥远星球的探索上花费如此庞大的资金，而忽视地球上孩子们的基本生存需求。这使得施图林格博士开始重新评估人类资源的分配和科学探索的道德责任。

施图林格博士很快回了一封信，他在信中讲了一个故事。

大约 400 年前，小镇上的一个伯爵，把大部分收入用来接济穷苦百姓。有一天，伯爵遇到一个奇特的男人。这个人每天晚上都在自己的实验室搞研究，他将一块块玻璃打磨成小镜片，然后安装到镜筒上，使用这种装置可以观察十分微小的物体。放大数倍的微小物体让伯爵感到不可思议，对其十分感兴趣。于是伯爵邀请这名男子搬到城堡，并资助他的研究工作。

镇上的人觉得这个怪人浪费了伯爵的钱。他们埋怨道："咱们还在忍受瘟疫的煎熬，而他却拿钱让这个男人搞没用的研究。"

听到这样的埋怨，伯爵说："我会尽我所能给你们提供帮助，但我仍会资助他，因为我相信他的研究迟早会得到回报。"

事实证明，伯爵的洞察力无比精准。这个看似平凡却又内心炽热的男人，最终成功研发出了我们如今熟知的显微镜。在对医学进步的推动上，显微镜的发明堪称里程碑式突破，其影响力无可匹敌，显微镜的出现犹如一把利剑，斩断了疾病与瘟疫的翅膀，让它们在"阳光"之下现出原形。

世界卫生组织曾估算，仅在显微镜发明之后的半个世纪里，天花、麻疹、霍乱等致命疾病的死亡率大幅下降，挽救了数以亿计的生命。或许我们可以说，伯爵的贡献不仅仅是资助研发了一项革命性的工具，更为人类打开了科学认知的新世界，为后世铺就了通向健康与幸福的道路。

倘若没有研制出显微镜，人类是无法取得上述成就的。在显微镜问世的过程中，很显然伯爵投入的钱起到了至关重要的作用，花钱赞助显微镜研制所能带来的贡献，明显远远超过直接接济遭受瘟疫侵袭的不幸者。

在镇上其他人看来，用这部分金钱救助遭受瘟疫的人是最好、最直接的方法，殊不知从方向上他们就已经错了。这就好比“授人以鱼不如授人以渔”。同样的道理，如果当时伯爵只是用这些有限的金钱来救助遭受瘟疫的人，那救助的作用相当有限，假若以后瘟疫再次来袭又将如何应对？而投资显微镜发明，从根本上为我们治疗瘟疫找到了方法、途径，可以说是一劳永逸。

太空探索与发明显微镜的道理相同，消灭饥饿并不是靠把去火星航行的计划取消就能轻易实现的。相反，太空探索项目所带来的技术进步能够为缓解乃至最终解决地球上的贫穷和饥饿问题做出贡献。

太空探索的梦想，并不只是马斯克一个人的梦想。这位被许多人誉为“现代火箭科学先驱”的亿万富豪，虽然凭借其雄心勃勃的火星移民计划和先进的SpaceX公司激发了人类认知宇宙未知边界的动力，但他的宏伟愿景在业界并不是孤立的理想。事实上，在全球范围内，有人与马斯克拥有同样的梦想——他们是一群具有远见卓识的科技领袖和企业家，他们都在以各自的方式致力于探索开发太空，具体如表1-1所示。

在马斯克看来，虽然这些人的梦想各异，但他们的目标都过于保守。他雄心勃勃地规划着更宏大的蓝图——不仅要在地球上建立庞大的火箭发射基地，还要在火星上建设能够自给自足的城市，甚至希望人类能够成为真正的跨星球物种。对马斯克而言，太空探索并不仅仅是一种对科学技术进步的追求，更是一种人类文明延续和进步的伟大征程。

在马斯克看来探索太空的工程能够更有助于解决人类目前所面临的种种危机，比如环境危机、能源危机，甚至是提前为人类寻找第二星球居住地，让生命得到最大限度的延续。

表 1-1　致力于太空探索的企业家 / 企业

企业 / 企业家	方式
亚马逊公司创始人兼 CEO（首席执行官）杰夫・贝佐斯	在保持其商业帝国快速发展的同时，也投身于太空探索事业。他创立了“蓝色起源”（Blue Origin）太空公司，致力于研发更加安全、可持续且环保的太空推进技术，并积极推动太空旅游及商业航天运输系统的建设，让更多人有机会体验和享受太空之旅
维珍集团创始人理查德・布兰森	怀揣着太空梦想，他创立了维珍银河公司（Virgin Galactic），致力于实现商业太空航行的突破。布兰森通过其独特的商业模式和大胆的创新策略，推动太空旅游产业化，使得更多普通人能够圆他们的太空梦，也使得商业太空时代更早到来
微软联合创始人保罗・艾伦	虽然已是一个传奇的科技巨匠，但他并未止步于地球上的成就，而是将目光投向了浩渺宇宙。他投资设计了第一艘完成商业亚轨道载人飞行的“太空船一号”（Space Ship One），其设计理念和创新技术为后来的商业太空旅行提供了重要借鉴
谷歌	曾借助其强大的资本和技术实力，通过设立谷歌月球 X 大奖（Google Lunar X Prize）来激励全球的科研机构和企业探索月球乃至更远深空的秘密。这个奖项不仅带动了众多民间力量投身探月事业，还催生了许多具有创新性的月球车项目，使得人类距离登陆月球又近了一步

想象一下，在未来的某个时刻，也许是二十年之后，甚至更久远的未来，当 SpaceX 公司开始在火星上筑起人类的第二个家园，你决定舍弃地球上的一切，挥别亲朋好友，从马斯克的手中获取一张单程票，踏上成为火星拓荒者的冒险之旅。这样的冒险，无疑是疯狂至极，却又充满了无尽的魅力。此时此刻，马斯克正全身心投入，将这个疯狂的梦想化为现实。

在 PayPal 获得成功后，马斯克获得了 1.65 亿美元的巨额财富。然而，他心中所追求的并非物质的享受，而是那个遥远的航天梦，那个关于将人类送往火星的伟大计划。如今，这已不再是遥不可及的科学幻想，而是人类共同的伟大梦想。

二、目标的意义：选择正确方向

2013 年，英国桑德兰上演了一场别开生面的“北方马拉松赛”。然而，在这场盛大的比赛中，却发生了一件令人啼笑皆非的事情：由于第一名选手的速度过快，导致第二名选手引领着其余五千多名参赛选手误入歧途。一时间，整个比赛都陷入了混乱之中，导致只有一人跑完全程。

而在 2017 年的意大利威尼斯马拉松比赛中，也上演了戏剧性的一幕。这次，为领跑梯队引路的摩托车竟然也犯了同样的错误，带领选手们走错了路。当众人纷纷察觉不对并迅速折返赛道时，只有一位选手始终坚守在正确的道路上，那就是法尼尔。他凭借着坚韧不拔的精神，超越了原本领先的顶尖选手，最终斩获比赛的桂冠。

所以，方向错了，努力不如不努力。

马斯克的火星登陆愿景，并非仅仅出于探险家的征服欲和野心，而是一种更为深沉的“杞人忧天”式的危机意识，因为它关乎人类的生存命运。正是出于这种紧迫感，火星移民计划成为马斯克的目标。为此，他于 2002 年创立了 SpaceX 公司。他致力于打造造价低廉、设计精简的火箭，旨在推动人类迈向星际探索的新纪元。

在火箭科技领域，引擎的研发是最为核心的技术之一。像洛克达因 SSME（航天飞机主发动机）这样的液氢液氧发动机虽然性能卓越，但高昂的成本并不符合经济高效的理念。因此，SpaceX 公司决定探索新路，专注于开发和完善梅林系列火箭发动机。该系列发动机采用了较为传统的液氧和煤油作为燃料——这种技术可追溯到 20 世纪 60 年代，在早期的开发过程中频繁遇到发动机过热导致烧毁的问题，这令研发团队近乎崩溃。

马斯克给予火箭工程师汤姆·穆勒充分信任并重用，穆勒及其团队通过无数次的实验与不断努力，开发出了一款适用于 SpaceX 火箭的碳纤维复合材料。这种新材料不仅在强度和重量比上达到了优异的标准，而且展示了出色的耐久性。穆勒团队还对火箭设计进行了革新，增强了火箭在面对极端环境如高温和高压时的稳定性。这些关键技术的改进解决了多个与火箭发动机相关的技术难题，极大地提升了 SpaceX 公司的技术优势。通过这些技术突破，团队成功开发了一款成本低、效益高的火箭发动机，不仅显著降低了制造成本，同时也提升了火箭的整体性能与可靠性。这款发动机的成功研发，成为 SpaceX 公司取得商业成就的关键，使得该公司在全球航天市场中获得了卓越的声誉和较大的市场份额。

马斯克的技术路线充满创新，但他仍面临不少难题。尽管 SpaceX 公司使用的梅林发动机技术相对成熟，但是它们的推力却难以满足公司未来开发更大型火箭的需求。为了提升推力，马斯克采纳了一种将多个发动机组合在一起的蜂窝状结构。特别是对于“猎鹰重型”火箭而言，其设计需依赖 27 台梅林 1D 发动机协同工作才能成功发射。然而，这种多发动机并行工作的设计在历史上遇到过失败。苏联的 N1 火箭就配备了 30 个发动机，并多次尝试发射未果，这直接阻碍了其月球探索计划的进程。基于这样的前车之鉴，一些人对马斯克如此大规模使用并联发动机的方案持怀疑甚至是质疑的态度，认为这是一次高风险甚至是不理智的尝试。

“猎鹰重型”火箭原本计划在 2013 年进行首次发射，然而由于技术难题和工程挑战，发射时间一再推迟。其中就包括了 27 台发动机的稳定性和彼此干扰的技术问题。即使是到了 2018 年 2 月 6 日当天，“猎鹰重型”火箭也比预计推迟 2 小时才发射。在发射前夕，马斯克甚至表示：“只要‘猎鹰重型’火箭没有把发射平台给炸了，就算成功发射。”随着发射时间的临近，整个世界都在关注着这次尝试，想要目睹这一历史性的时刻。当“猎鹰重型”火箭最终成功发射时，整个世界都为之欢呼雀跃。马斯克不仅实现了一个看似不可能的任务，还为未来人类探索宇宙铺平了道路。

明确的目标犹如航海中的灯塔，为行动者提供了明确的方向和路径。它不仅有助于个体在面对众多选择和挑战时做出明智的决策，避免盲目和随意，而且能够极大地激发个体的内在动力和毅力，促使他们积极采取有效措施，坚定地朝着目标前进。

三、目标的实现：四个要素

1. 不断学习

马斯克，作为一位全球知名的企业家和创新者，他的成功无疑引起了无数人的关注与好奇。在被问到他的成功是否有什么奥秘时，马斯克说过一句耐人寻味的话：是书本首先抚养我长大成人，然后才是我的父母。这句话反映了马斯克对学习与成长的理解。马斯克认为，在他的成长过程中，书本扮演了至关重要的角色。通过不断阅读，他的知识变得丰富，视野得到了开拓，这些知识就像养分一样滋养着他，使他拥有足够的底气和智慧去应对生活中的挑战。

马斯克从小就展现出了对知识的渴望和对学习的热情，通过阅读各类书籍，他不仅丰富了课余生活，更是在无形中为自己打下了坚实的基础。这种基础既体现在他的学业上，又体现在他日后的工作和创新中。可以说，是不断的学习和积累，成就了马斯克，为他的成功奠定了稳固的基石。

幼年时期，父母离异，马斯克为了对抗孤独，每天花很多时间阅读书籍，有时候一天有 10 个小时的阅读时间。并且他阅读书籍时涉猎范围很广，涵盖物理、哲学、宗教、科幻小说、编程等不同领域。

马斯克通过持续不断地自我学习和深度阅读，成功地为他的多元化事业打下了坚实的基础。广博的知识使他在涉足的每个行业中都能展现卓越的才能。这种对知识的追求和积累，赋予了他在面临不同领域的挑战时可提出创新见解的能力。每当他打算进入新的领域，总是能通过迅速深入的学习，迅速成为那个领域的佼佼者。

自幼时起，马斯克就怀揣着一个宏大的愿望——探索星际空间。他对外太空的探索始终保持着浓厚的兴趣，并坚信人类未来必能遨游星际。马斯克清楚地认识到，要实现这一宏大梦想，人类必须解决种种前所未有的难题，包括技术层面的重大突破和对生物学、心理学等领域的全面理解与创新。马斯克深信，只要人类不断地探索、创新并取得进步，星际旅行终将由梦想变为现实。

马斯克从很早开始就清楚地认识到，如果要开展星际探索，他首先需要在火箭科技领域积累深厚的专业知识。他坦言自己当时尚未掌握必要的技能，但他坚定地要求自己成长为行业内的权威。因此，马斯克下定决心，不仅要学习这门技术，还要达到行业领先水平。凭借其天赋和坚持不懈的精神，他开始全心全意投入火箭技术的学习中。

马斯克下定决心后的第一件事就是向身边的火箭专家吉姆·坎特雷尔借书。“他把我大学时期所有关于火箭推进器的课本全都借去了，”坎特雷尔说，“他消化了所有的书，他什么都知道，他凭一己之力计划着造火箭。”

马斯克最终读完了坎特雷尔的大学教材，并制订了造火箭的详细计划表，包括设计、制造、测试和发射等各个环节。

由于制造火箭是一门极其复杂且科技含量极高的技术，人们常常会向马斯克请教他是如何学会这门技术的。每次被问到这个问题，马斯克总是谦虚而坚定地回答：“是通过阅读书籍。”马斯克认为书籍是累积人类智慧的重要形式，也是学习新知识和启发思考的一个高效途径。事实上，马斯克的行动与他的言论相符，他一直保持着对知识的强烈渴望和坚持不懈的学习精神。面对众多复杂的科技书籍和文献，马斯克都能耐心研读，从中吸取先进的思想和经验。

马斯克以实际行动践行着终身学习的理念。他通过阅读相关书籍，系统性地掌握了火箭科学的核心内容，包括基本理论、设计原则、制造工艺以及发射技术等。通过学习，马斯克不仅深入了解了火箭科学的核心知识，还敏感地捕捉到航天科技的最新成就和前沿动向，提升了自己在此专业领域的知识水平。

对于每一位有梦想的企业家和创业者而言，马斯克的故事无疑提供了一个强而有力的激励典范：只要坚持不懈地学习，不断充实自我，提升能力，就能增加实现梦想的可能性。这是一条虽然艰难但行之有效的道路，它折射在一个个从无到有、由弱变强的企业传奇中，也镌刻在一位位卓越企业家的非凡人生里。

2. 不放弃的韧性

人与人之间的差距往往源自细微之处的不同选择。一些人在清晨的第一缕阳光中开始锻炼，而另一些人可能还在深睡；一些人对待工作非常投入，而另一些人只是敷衍了事；一些人在描绘明日的宏伟蓝图，而另一些人却满足于今日的小小成就。短暂的假期总让人意犹未尽，但请记住，现在的每一分努力，都是为了将来能够轻松驾驭生活的风帆。每一天的坚持与付出，都是在塑造一个更加卓越的自己。或许这些付出在当前看起来微不足道，然而随着时间的推移，这些小小的持续付出会逐渐累积成你人生中不可忽视的优势，使你在众多舞台上光芒四射。

表 1-2 是马斯克为自己制定的某个“一周安排”，当然这是在没有考虑其他的变化因素和突发状况情况下的计划。实际上马斯克真正的工作状态远比这份“一周安排”要忙碌许多。马斯克努力到什么程度？他每天都要到凌晨 1 点才躺下入睡，早上 7 点又要开始一整天忙碌的工作，有时候他会直接睡在特斯拉工厂，甚至是在会议室里摆上一个睡袋，这样他就可以在第一时间抵达生产线。这个习惯是马斯克在创业初期一直保持到现在的习惯。

表 1-2　马斯克的某个“一周安排”

时间	安排
星期日	必要的话进行旅行，或住在贝莱尔（Bel Air）豪宅
星期一	在霍桑设计工作室（Hawthorne）从事 SpaceX 公司相关工作。乘私人飞机到硅谷，夜宿朋友家中

续表

时间	安排
星期二	在帕罗奥图（Palo Alto）市的特斯拉办公室工作，或者是在弗里蒙特（Fremont）的工厂工作
星期三	在帕罗奥图市的特斯拉办公室工作，或者是在弗里蒙特的工厂工作
星期四	飞回洛杉矶，在 SpaceX 公司工作
星期五	在 SpaceX 公司工作
星期六	在 SpaceX 公司工作，或者与孩子们共度一段时光

马斯克曾在南加州大学发表演讲时说道："作为创立公司的人，你必须超级努力地工作。"马斯克谈起自己和弟弟创办第一家公司的时候，因为资金缺乏，他们租不起公寓，只能租一间很小的办公室。他们每天都睡在沙发上，洗澡也是在其他地方解决。因为买不起多余的电脑，仅有的一台电脑，白天用来维持网站的运行，晚上马斯克则用它来写代码，一周七天从不间歇。马斯克在那段时间里只要是醒着就在工作。他告诫那些创业开公司的人，一定要持续不断地努力，假若别人工作 50 小时，而你工作 100 个小时，那你的公司在一年之内的发展肯定比别人的公司强一倍。

创业者不是投资人，"打一枪换一个地方，想着捞一票就走"，这样做，你的创业是难以成功的。只有热爱你的事业，并为之付出不懈的努力，你才有成功的可能。很多人在创业过程中清楚地认识到创业之路充满了激情、艰辛、挫折和痛苦，需要有不放弃的韧性，才有成功的可能。

身为创业者，你置身于一个无人监管的天地，无论是工作时长还是效率，均握于你手。这自由的背后，却需要你自我约束，用智慧和勤奋来绘制创业的蓝图。你若掌握得当，便可傲视群雄，成为一名真正的创业者；反之，你或许只能沦为一事无成者。莫让创业的光环蒙蔽了你的双眼，给自己树立一个坚定的目标，监督自己不断付出，不断超越，书写属于你的辉煌篇章。

创业之路本就坎坷艰辛，如果你在创业的道路上仍体会不到艰辛的话，那只能说明一点，你的努力还远远不够，要知道就连马斯克这样的天才创业家仍感叹创业之路举步维艰，凭借不放弃的韧性和努力才克服一个个困难，更何况我们绝大多数人缺乏他的超凡天分。

3. 孤注一掷的勇气

英国首相温斯顿·丘吉尔，以其无比坚定的政治决心和卓越的领导才能，引领英国人民度过了人类历史上最黑暗的时期之一——第二次世界大战。丘吉尔曾有一句广为流传的话：既然必须穿越地狱，那就走下去吧！这种勇气往往会让人置之死地而后生。从这句话中可以看出，丘吉尔以深邃的智慧和坚韧的精神力量，鼓励英国人民在面对困境时要有勇气、有决心战胜艰难险阻。这种勇气，不仅仅是对生死的无畏，更是对理想和信念的坚守，是对国家和民族未来的执着追求。

2024 年，北京时间 3 月 16 日 8:21（美国东部时间 3 月 15 日 20:21），“猎鹰 9 号”火箭从美国佛罗里达州肯尼迪航天中心发射升空。约 2 分 30 秒后，火箭第一、二级成功分离。约 8 分 30 秒后，火箭第一级按计划降落到大西洋上的回收船上。发射约一个小时后，SpaceX 公司确认 23 颗“星链”卫星成功入轨。报道称，这是目前“猎鹰 9 号”火箭第一级重复利用的最高纪录。马斯克又一次用事实向世人证明了他的正确性。

从 1969 年人类首次成功登上月球这一里程碑事件算起，过去的五十多年间，科技发展的脉络呈现出一种相对集中的趋势——主要集中在互联网和通信等“内向性”领域中，而在太空探索等“外向性”领域中却鲜有突破，具体如表 1-3 所示。

太空技术有其自身的特殊性，它不仅依赖于大量的人力和物力的投入，还需要有效的组织调度和强大的动员机制。由于这些特点，过去的太空探索项目通常是由国家级机构来主导或提供资金支持。这些项目往往获得国家的全力支持以确保其成功。不过，SpaceX 公司作为一家私营企业，它基于民间资本并采用商业化运营模式，成功地为太空领域注入了创新和活力。

表 1-3 过去五十多年间不同领域科技发展趋势

领域	发展趋势
“内向性”领域	如互联网、通信技术、信息技术等方向，科技取得了前所未有的突破和飞跃。 这些领域的研究集中于对信息获取、传输、处理和存储等方面的深化与优化，极大地改变了人们的生活方式、工作模式乃至社会结构
“外向性”领域	如太空探索、深海科研、能源科学等面向外部世界的研究探索，却并未能跟上“内向性”领域的步伐。 尽管有诸多国家持续投入大量资源进行科研攻关，但在诸如月球基地建设、火星探测、太阳系及银河系前沿问题等“外向性”科技前沿领域，仍然面临着诸多未知的挑战和技术难题

为了实现火星移民计划的宏伟愿景，马斯克以其前瞻性的思维和创新的精神引领着科技潮流，并且用无比坚定的决心和近乎疯狂的执着不断突破技术难关。推动人类社会进步和探索宇宙未知边界的坚定信念，让他在面对巨大挑战时毫不犹豫地倾注大量资源，甚至愿意将自己的个人财富孤注一掷地全部投入其中。

马斯克对技术革新的执着以及对 SpaceX 公司的全身心投入，充分体现了他的冒险精神和坚毅。以 SpaceX 公司的“猎鹰 9 号”火箭为例，其回收技术的成功开发代表了技术革命，这背后是马斯克和他的团队不畏艰难、勇于面对挑战的精神。尽管遭遇了连续的失败，马斯克仍然以坚强的意志和勇气，持续推动项目向前发展。

2008 年对许多人来讲都不是一个容易的年份，马斯克也不例外。在这一年马斯克创立的 SpaceX 公司遭遇了前所未有的困境，第三次火箭发射以失败告终。这也意味着，在成立以来的六年间，SpaceX 公司进行的三次发射尝试均以失败告终。这对于一个初创企业来说，无疑是极为打击士气的。

“屋漏偏逢连夜雨”，在这一年，马斯克名下的另一家公司特斯拉也陷入了困境。产品开发的连续延误使得特斯拉未能按计划推出新产品，从而给公司带来了极大的压力并遭受外界质疑。这种情况严重影响了员工的情绪和工作热情。与此同时，因为长期的工作压力和应接不暇的困难，马斯克的婚姻也破裂了。

当金融风暴突然袭来，曾经兴旺的项目不再得到投资者的青睐。面对生意的衰退、庞大的资产损失以及家庭的不幸，马斯克的生活似乎一夜之间全部崩溃。尽管如此，马斯克没有向逆境低头，而是展现出了非凡的韧性。在资金枯竭的情况下，他决定投入自己仅剩的三百万美金，并在一段艰难的日子里依赖朋友的经济帮助生活。正是这份孤注一掷的勇气和坚定的决心，铸就了如今辉煌的 SpaceX 公司。

目标与信念之间存在着紧密而微妙的联系。一个明确的目标就像海上的灯塔，它为人们的前行提供清晰的导航。具备一个清晰且宏伟的目标能使人拥有明确的未来方向感，它不仅指引着人的每一步行动，同时也成为坚定其信念的基础，从而增强人们对未来的信心与决心。

马斯克对人类命运与太空探险的关系持有强烈的信念，他极其看好商业化太空旅行的未来前景。这种坚定的信念源自他对自己的目标有着清晰的认识以及对目标实现可能性的深信不疑。因此，他敢于投入全部的精力，甚至不惜冒着巨大的风险，孤注一掷地推进太空探索技术的发展。

创业者在面对困难和挑战时，必须具备一种精神力量——孤注一掷的勇气。这种勇气不仅仅体现在决断力和行动力上，更体现在对未来信念的坚守和对目标执着追求的决心上。只有拥有这种勇气，才能使人无视短期的困难和挫折，始终保持前进的动力，最终战胜一切看似无法逾越的难关。

4. 敏锐的商业头脑

马斯克的父亲不单单是一名工程师，同时他还是一名出色的经营者。在南非，马斯克的父亲有自己的矿产公司，马斯克在小时候就曾陪父亲去考察过矿场，尽管父亲并没有刻意去培养他在经营方面的能力，但是马斯克原本就有着敏锐的商业头脑，再加上在跟随父亲考察的过程中耳濡目染，他比一般人更具商业天分。除了先天的因素外，马斯克在沃顿商学院的学习更是让他在商业方面的潜力得到了充分开发。马斯克凭借敏锐的商业头脑去识别环境，善用天时、地利、人和来布局未来的发展方向，从电动汽车、火箭到卫星，马斯克做的产品既能上天又可入地，表面上看彼此毫不相关，实际上却能拼凑出一幅清晰的工程图。

马斯克曾经在学术期刊《新太空》发表文章称，如果人类永远待在地球上，“可能会遭遇生物灭绝灾难”，并要求人类应当成为多星球物种，移民火星。在谈及自己的财富时，他更是表示：“我个人积累财富的主要原因，是为开发火星旅行技术筹集资金。除了为人类成为多星球物种做出最大贡献外，我个人积累财富没有其他任何动机。”

SpaceX 公司在其发展的初期阶段能够迅速实现技术突破，主要是因为得到了 NASA 的技术支持。NASA 不仅在 SpaceX 公司的多个项目中提供帮助，比如“红龙”任务，而且 NASA 公开了“阿波罗”计划中的部分技术，特别是 SpaceX 后来开发的“猎鹰”系列火箭中的“灰背隼”发动机，其设计就受到了“阿波罗”计划中登月舱下降发动机的喷管技术的影响。这些技术的应用和转移，极大地促进了 SpaceX 公司在航天领域的快速成长。

对于创业者而言，无所谓是最好的年代还是最坏的年代，也无所谓最好的季节还是最坏的季节，因为在创业历程中这些都会如期而至，这些原本客观存在的社会现实，是无法去改变的。创业者必须要有商业天赋或者说敏锐的商业头脑，必须清晰地认识并把握时代的趋势和各种创业环境，因为顺势而为才有成功的可能。敏锐的商业头脑是一个复杂而多维的概念，它既是天赋的馈赠，也是后天努力的结果，其具体构成要素如表 1-4 所示。

表 1-4　敏锐的商业头脑的构成要素

构成要素	具体要求
市场洞察力	通过对消费者需求、行业趋势、竞争对手动态的精准把握，形成独特的市场见解。比如，敏锐察觉到消费者未被满足的痛点，从而开发出爆款产品
风险评估与决策能力	在充满不确定性的创业路上，创业者需要具备快速而准确的风险评估能力以及果断的决策能力。比如，在信息不全的情况下，做出关键决策，并承担可能的后果
创新思维与适应力	在传统与创新之间找到平衡，不断推出创新产品和服务，以应对快速变化的市场环境

第二章
CHAPTER TWO

会思考才会工作
——第一性原理思维

第一性原理，是一种可以用来解决复杂问题并获得原始解决方法的有效策略。这种思考方式在多个领域都显示出了重要价值，比如在科学、工程、商务以及社会事务中，它都能帮助我们理解和解决复杂的问题。

出于对物理学的热爱，马斯克将量子力学的第一性原理引入自己的决策中。他注重对事物本质的挖掘，通过把复杂问题简单化来寻找解决问题的方案。他深信，只有从最基本、最原始的角度去理解和处理问题，才能打破常规，发现新的解决方案，有效地应对各种挑战。

因为善于运用第一性原理思维，马斯克在多个领域取得了突破性的成就。马斯克通过深入挖掘问题的本质，找到了降低火箭发射成本的关键环节，并在此基础上进行技术创新和管理优化，最终实现了成本的大幅度降低，为全球火箭发射行业树立了新的标杆。因此第一性原理思维是马斯克将火箭发射成本降到过去 1/10 的秘密武器。

一、第一性原理思维的概述

第一性原理又称“第一原理”，最早由 2300 多年前的古希腊哲学家亚里士多德提出，他对“第一性原理”是这样表述的：“在每一系统的探索中，存在第一原理，是一个最基本的命题或假设，不能被省略或删除，也不能被违反。”亚里士多德提出的“首因”概念，强调通过分解问题将问题归结到最基本的、不可分解的原理上，可以更好地理解事物的本质。

在物理学领域，第一性原理的思想得到了进一步发展。广义的第一性原理计算指的是一切基于量子力学原理的计算。也可以说是从头计算，不需要任何参数，只需要一些基本的物理常量，就能够得到体系基态的基本性质的原理。

概括地讲，第一性原理思维是指从事物最基本的条件出发，将其分解成各种要素来进行分析，以期找到实现目标的最优方案的方法。第一性原理思维运用到管理上就是要“做减法”，通过精简、剥离无效部分，最终提高效率。马斯克在做管理决策时，很出色地运用了第一性原理思维。以其收购推特后的管理改革为例：收购推特后，马斯克一方面精简队伍，将员工人数从约 8000 人削减至 1500 人左右，另一方面重建系统，将代码从 70 万行减少至 7 万行，整个系统代码行数精简了 90%。这两项举措使得运营成本降低 60%，但成本降低却并没有影响整体运营，反而使效率得到提升。

二、第一性原理思维的意义

1. 领悟生而为人的真谛

“星舟”运载火箭是 SpaceX 公司正在全力研发的新一代超重型太空运载工具，是目前体积最大、推力最强的运载火箭。与 SpaceX 公司旗下现已成熟的“猎鹰 9 号”和“猎鹰重型”火箭一样，“星舟”火箭也可重复使用，并且在可重复使用模式下，单次飞行的有效载荷为 100 ~ 150 吨，而“猎鹰重型”的载荷为 63.8 吨。

2024 年 3 月 14 日，SpaceX 公司研发的重型运载火箭“星舟”进行了第三次试飞。虽然在重返大气层时失联，未能到达预定的着陆点，但此次试飞完成了 80% 的预定任务，解决了上一次试飞存在的问题。此次试飞令人类“登陆火星”的梦想变得越来越现实，有人这样描述今天和今天的我们：“我们正站在过去与未来的交界之处，目睹宏大的历史边缘，倾听到一声巨响。”

制造出这种革命性火箭的并不是具有国家背景的航天机构，而是马斯克名下的一家私人企业——SpaceX 公司，这一事实让全世界深感震惊。这家以创新和颠覆性技术为核心动力的私营企业成功完成了一项通常被视为国家战略工程的任务，不仅打破了公众对私人企业没有能力发展航天事业的认知，更是在全球范围内推动了商业航天的发展。

自大学时期起，马斯克就展现出对世界深层问题的敏锐洞察力。他一直致力于探究那些潜藏于表象之下、关乎人类未来命运的根本性问题。在这一过程中，马斯克通常会用第一性原理思维来思考问题，这种思维方式使他能够跳出固有框架，从宏观角度审视并解决问题。

通过不断地分析推演，马斯克发现影响人类长远生存与发展的核心因素是能源枯竭和环境恶化。马斯克认为，这两个问题不仅直接威胁到我们的生活质量和文明传承，更是影响地球生命系统的可持续性发展。因此马斯克立志要通过科技创新来解决这两个问题。

在成功创立 PayPal 之后，他带着雄心启动了两个划时代的创业项目——特斯拉新能源汽车和 SpaceX 火箭，前者解决的是石油时代的能源问题，后者解决的是环境恶化导致的人类灭绝问题，用马斯克的话来讲就是为人类提供一个“备份”——人类无法在地球生活时，可以坐着火箭到其他星球。

马斯克在飞往太空的火箭零件上这样标注：Made on Earth by humans（地球人制造）。这一举动不仅是对人类智慧和创造力的自豪彰显，更是对全人类探索未知、超越极限精神的深刻诠释。这个来自地球的印记，承载着无数人的辛勤付出和无尽可能，将我们所有人都紧密地联系在一起，成为全人类共同的荣耀和骄傲。在马斯克的眼中，这次重型火箭的成功发射不仅是他个人职业生涯的一个里程碑，更是人类科技进步和探索宇宙奥秘历程中的关键一步。

生而为人，存在的意义是什么？这是一个深远而又个人化的哲学问题。大部分人或许很少深入探讨这一问题，更多是专注于日常生活的细节，如个人的舒适度、快乐，以及当前的工作、教育和家庭等方面的责任与压力。在快节奏的生活中，很少有人能够暂停下来进行一次宏观的自省，以探寻自身存在的更深层次意义。然而，像马斯克这样的人，则展现出与众不同的视野。马斯克能够超越常规的生活视角，以未来为镜，思考和规划现在，为之后十年的变革和发展提前做着准备和铺垫。

真正的创业就应该是做造福、服务全人类的事业，这样才能够被人类历史铭记。然而，现实中的许多创业项目，它们看似繁荣，实则难以站在未来的角度去审视和评价。这些项目往往被资本驱动，成为一种短期获利工具，尽管在一定程度上为人们带来了便利，但由于它们缺乏社会价值和历史沉淀，成为闹剧般的存在，甚至有的成为转瞬即逝的泡沫。

当今时代，马斯克的业务展现了其独特的视角和坚定的决心。马斯克投身于创新技术的开发和运用，并对人类的未来进行了积极的探索。他推动的几个重大项目，例如 SpaceX 公司的火星移民计划、特斯拉推出的电动汽车以及“神经链接”公司（Neuralink 公司）开发的脑机接口，都在推动人类文明向更高水平发展。马斯克的理念不只局限于技术创新，还包括对人类未来和命运的深思熟虑。

2. 提升创新力

马斯克在接受采访时说：“我更倾向于从物理学的角度来看待世界。物理学教会我运用第一性原理思维去推理，而不是用类比的思维去推理。”“如果你真的想做出一些新的东西，就必须依赖物理学的方法。”在马斯克看来，第一性原理思维是推动一切创新的动力。

马斯克深信，第一性原理思维不仅是解决问题的独特视角，更是驱动科技创新与实现前所未有的突破的关键动力。他主张，在面对挑战或探索新技术时，不能被现有的知识体系和常规思维路径束缚，而应回归事物最基本的层面，从本质出发，重新思考并构建解决方案。

传统的地面交通拥堵问题日益严重，而地铁等地下交通工具的建设成本高昂。马斯克运用第一性原理思维，对隧道建设的成本进行了深入分析。他发现，隧道建设成本高昂的主要原因在于挖掘和加固过程的复杂性。为了降低隧道建设的成本，马斯克创新了隧道的挖掘方案和设计方案。

马斯克通过第一性原理思维，分析了传统挖掘技术的缺陷，并提出了采用小型挖掘机进行挖掘的创新方案。同时，他还提出了优化隧道设计的方案，如采用圆形隧道截面以减少挖掘面积和降低成本、采用预制构件进行隧道衬砌以提高施工速度等。马斯克的隧道建设方案大大降低了成本，使得地下交通的建设变得更加经济可行。

马斯克在地下交通领域的创新实践，正是对第一性原理思维是推动一切创新的动力这一理念的有力诠释。马斯克运用第一性原理思维深入分析问题的本质，找到最基本的原理和事实，然后在此基础上进行创新和优化。

创新型企业，以独特的视角和前瞻性思维，致力于为世界带来颠覆性的产品和服务体系。这些企业不仅展现了卓越的市场价值，更在国际竞争中大放异彩，成为引领行业潮流的佼佼者。相较于保守僵化的组织，创新型企业所展现出的生命力和活力令人瞩目，它们以更加长远的眼光和坚定的信念，不断探索着未来的无限可能。

20 世纪 90 年代，亨利・福特有效应用了第一性原理思维。福特发现市场更需要又便宜又好用的车，他花费 15 年时间，在 1908 年推出 T 型车，售价为 260 美元，到了 1921 年这款车的产量已占世界汽车总产量的 56.6%。但之后，福特就忘了第一性原理思维的重要性，思想变得僵化。福特认为 T 型车永远是大家想要的车。

通过马斯克和福特的事例，我们发现：在思考和解决问题时，如果能运用第一性原理思维进行深入剖析，就能够打破常规，发现新的可能性，从而实现创新。反之，如果在面对问题时，没有运用第一性原理思维进行思考，而是被既有的观念和制度束缚，思维就可能陷入僵化，不能适应时代和技术的变化发展，进而抑制创新。因此，运用第一性原理思维去思考能够有效提升创新力。

3. 决定什么选择是对的

面对地球环境危机的日益加重，马斯克用第一性原理思维思考后坚信转变人类出行方式是化解这场危机的核心，并坚信特斯拉推动可持续交通发展的使命是正确的。然而，汽车电气化并非短时间内就能顺利完成的。在推广、普及电动汽车的过程中，将会面临多方面的挑战和重重阻挠。由于消费者对燃油车技术成熟、性能稳定以及续航里程更长的普遍认可，所以燃油汽车仍然在汽车行业占据主导地位。电动汽车要在性能指标上完全超越传统燃油车，赢得广大用户群体的青睐，并非轻而易举之事。

尽管特斯拉等新兴电动汽车品牌通过技术创新和产品迭代，已经在市场上取得了一定的突破和认可，但整个汽车行业一百多年发展历程中积淀形成的庞大产业链条和既得利益格局，对新能源汽车尤其是电动汽车的发展，构成了实质性的阻碍。

特斯拉公司的成立与其两位创始人马丁·艾伯哈德与马克·塔彭宁深远的愿景有关，他们致力于推动技术进步和践行可持续性的理念。公司成立之初马丁·艾伯哈德向艾伦·科科尼创建的 AC Propulsion（AC 推进公司）申请使用电动传动技术。在那个阶段，特斯拉仍是一个较小的企业，专注于生产高性能电动汽车，其生产设施较为原始，技术能力有限。但马斯克接管公司后，情况迅速转变。马斯克在不到十年的时间内，推动特斯拉成为全球新能源行业的领军企业。他不仅使特斯拉在电动汽车技术领域实现了飞跃，还成功地将特斯拉发展成一个涉及多个领域的新能源帝国，包括制造汽车、电池以及太阳能产品等。

不得不说，这是一个令人惊叹的奇迹。不仅在于特斯拉在短时间内实现了技术的飞跃和发展，更在于马斯克引领下的特斯拉成功地改变了人们对新能源汽车的认知，为全球能源结构的转型提供契机。

第一性原理思维可以权衡“创新失败导致错失有利机会带来的风险”和“实施错误创新所产生的犯错风险”这两者之间的利弊得失。这种思维模式并不是无中生有的，而是基于深刻的创业精神和科学的方法论。这就要求企业的领导层不仅要有敏锐的市场观察力，以便捕捉行业趋势和用户需求的变化，还需具备严格的逻辑思维能力，在瞬息万变的市场环境中识别关键因素。此外，深入的交流也是必不可少的，这使他们能够通过与团队成员、客户以及合作伙伴的沟通得到重要的反馈和需求，这些都是制定和调整企业策略时的重要依据。特斯拉在其多元化的产品策略中，就体现了对上述思维能力的应用。

特斯拉最先推出市场的车型是 Roadster（跑车），前后卖出了 2250 辆，然后就是 Model S，之后是 Model X 和 Model 3，具体如表 2-1 所示。这几款车的面市先后顺序几乎与定价的高低排序一致，价格是越来越亲民的，当然其中的波折和坎坷也更加复杂。马斯克精准地把握住了消费者对于环保出行、智能驾驶技术及性价比的追求，成功实现了从高端市场向大众市场的渗透，特斯拉产品谱系的不断扩大说明马斯克是有着清晰的愿景和正确的需求判断的，而这种判断力源于第一性原理思维。

表 2-1　特斯拉的前 4 款车型

车型	时间	定位
Tesla Roadster	2008 年发布。2008 年 2 月，马斯克购得第一辆 Roadster	两门运动型跑车，全球首款量产版电动敞篷跑车
Tesla Model S	2012 年 6 月开始交付	四门纯电动豪华轿跑车
Tesla Model X	2012 年 2 月发布，2015 年 9 月开始交付	豪华纯电动 SUV（运动型多功能车）
Tesla Model 3	首次公开于 2016 年 3 月，2017 年 7 月开始交付	这是一款面向大众市场的电动汽车

创新的产品和企业，如同时代的“弄潮儿”，不断改变着世界的格局，颠覆

传统行业的规则，甚至造就新的行业传奇。这些企业和产品的背后，离不开一群具有第一性原理思维的企业家。在马斯克看来，特斯拉要想在竞争激烈的市场中突围，必须找到最适合自己生存的环境。这意味着，不仅要对外部环境进行深入的分析和判断，还要结合自身的优势和特点，寻找一片能够让自己蓬勃发展的土壤。

加利福尼亚州（以下简称“加州”）是美国污染最严重的州。对加州本身的自然环境及其引发的环保诉求与特斯拉的发展理念不谋而合的预判，坚定了马斯克将汽车工厂选址在加州的决定。马斯克综合了加州的空气质量、法律规定以及高昂的油价等种种客观实际后，他判断加州消费者比美国其他州的民众更倾向于选择新能源汽车。马斯克坚信，将汽车工厂选址在加州，不仅有利于特斯拉践行自己的环保承诺，也有助于加州实现其环保目标。

一切正如马斯克所料，美国自然资源保护委员会（NRDC）的数据显示，2015 年加州电动汽车销量约占美国电动汽车总销量的 44%，2015 年特斯拉全球范围内总计交付了 50580 辆电动汽车，其中 45% 的新车销售发生在加州。特斯拉在加州的销量占全球总销量的比重，充分印证了第一性原理思维在商业决策中的重要性，即第一性原理思维可以决定你的选择的正确性。

三、用好第一性原理思维

1. 以物理的眼光看待世界

马斯克将物理学与商业的融合视为产生巨大协同效应的关键。在他的教育经历中，学习并获得宾夕法尼亚大学的双学位——经济学与物理学学位，为他日后的职业道路奠定了坚实的基础。通过对经济学的学习，马斯克掌握了市场动态、资源的有效配置和企业管理战略，学习这些知识增强了他的商业洞察力和决策能力；同时，掌握物理学的知识使他深刻理解自然界的规律和科技发展的基本原则，这为他在技术创新方面提供了坚实的科学依据。这样的跨学科学习让马斯克能够利用物理学原理解决复杂的商业问题，这种思考模式不仅推动了他创业生涯的成功，也使他在科技与商业的交汇领域中显得与众不同，取得了显著的成就。

谈起物理，马斯克说："大概是因为我父亲是一名工程师，所以我从小在科学氛围很浓的环境中成长，物理是我从读书以来一直都很擅长的科目。"家庭背景和成长环境无疑对马斯克产生了深远的影响，使他从小就对科学产生了浓厚的兴趣，并具备了扎实的物理学基础，为他以后成立 SpaceX 公司，涉足太空领域提供了前提。

物理对于马斯克的影响不仅限于知识储备，更重要的是对他思维方式的影响。在被问到物理是怎样帮助他的事业时，马斯克回答："我认为物理为我提供了一整套解决问题的思路，还告诫我们要勇于承认自己的错误。一般情况下，物理为我们提供一条思路：按第一性原理思维进行推理，而不是通过类比。我们一般都通过类比来思考问题。很多时候我们之所以这样做是因为长期以来一直这样做，我们在同一个问题上不断地重复。第一性原理思维是一种以物理的眼光看待世界的方法，洞悉事物的基本原理，然后在此基础上进行推断。这与类比完全相反，会花费很多脑力。物理能够为我们提供找出违反直觉的新事物的方法，比如量子力学。"

这个思维看起来非常的复杂，常人难以理解。马斯克以电池组为例对这一思维进行了阐述："人们都说电池组非常的昂贵，并且会一直贵下去，这是因为电池从过去到现在的价格一直都很高。他们说电池的成本增加到 600 美元 / 千瓦时，将来也不会好到哪去。假如我们按第一性原理思维来思考这个问题，首先我们需要知道电池的原材料是哪些，这些原材料的市场价格是多少，从材料层面来讲，电池的原材料成本仅为 80 美元 / 千瓦时。前提是你得想出巧妙的方法把这些材料组合成电池，然后你就得到了比任何人都便宜得多的电池。"

在"猎鹰"系列火箭的制造中，马斯克依然采用了这种思维。在那个时候，众多航天领域的人普遍认为马斯克所追求的事业成功的希望渺茫。依据惯例，火箭被视作一次性消耗品，发射后便化为乌有。每一次火箭升空的背后，都伴随着天文数字般的成本投入。即便财力雄厚，也最多只能满足一时的探索欲望，将其视为毕生事业则显得不切实际，近乎幻想。

而马斯克做了什么？他独具匠心地将火箭发射的整个成本拆解为火箭本体制造成本与发射所需的费用，其中发射成本不过是沧海一粟。以“猎鹰火箭”为例，其造价高达1600万美元，而燃料费用却仅需20万美元。这一数字引发了他的深思：若火箭能够循环利用，岂不就无须每次耗费1600万美元打造全新火箭，仅需20万美元的燃料费以及约50万美元的维护费，成本难题便迎刃而解。尽管回收火箭在物理领域面临诸多挑战，但他并未因此退缩，而是勇敢尝试，最终用实际行动颠覆了专家的预测，书写了一段传奇。

第一性原理思维的魅力及其在问题解决和思考过程中的重要性，恰恰体现在其能够突破常规思维的局限，跳出既定的模式和框架，从事物最本质、最基础的层面出发，运用逻辑推理的方法重新解读和定义事物及其属性。它倡导一种追根溯源的思考方式，让我们得以深入事物的内核，理解其内在的逻辑结构和运行机制，而非仅仅停留在表面的现象描述或者他人的观点之上。

在现代社会里，我们经常在不知不觉中陷入比较思维的陷阱，即过分依赖对比和参考他人，尤其是依赖那些权威或专家的意见。我们往往忽略了培养自己独立思考的能力。这种比较思维容易导致我们的判断受到他人观点的左右，甚至可能因为他人的片面之词或者环境因素而偏离了事物本身的真相。问题在于，他人的观点往往基于其自身的经验、知识背景以及一定的情境条件，未必能够涵盖所有的可能，也不一定适用于所有的场景。因此，盲目跟随或过分在意他人的说法，很可能会导致我们在决策时陷入条件约束过多、视野受限的困境，从而无法发现那些被忽视的、潜在的问题解决方案。

因此，当讨论陷入僵局，或者发现一条路走不通时，不如以物理的眼光看待问题，运用第一性原理思维，回到逻辑的起点，换一个方向进行尝试，也许就能“柳暗花明又一村”。

2. 认清本质

在一次公开访谈中，访谈者请马斯克给创业者们提一条建议，于是马斯克就提出了第一性原理思维。

时至今日，尽管历经了千百年的岁月洗礼，但亚里士多德所倡导的第一性原理依然熠熠生辉，其价值并未因时间推移而削减，反而愈发显得深邃与珍贵。

在商业社会迅速演进和互联网技术日新月异的背景下，马斯克以其独特的视角和行动方式，成了第一性原理思维在现代商业领域最知名的诠释者。马斯克主张，我们应该基于基本的事实和原则来思考问题，避免仅仅因为传统或习惯而模仿别人。他指出，在日常生活和工作中，人们常常习惯性地进行比较和模仿，这种方式很难带来创新或实质性的改变。“首先要从根本原理出发，这样的思考方式对于打破常规和促进创新非常重要。”马斯克如是说。通过这种方式，他推动了许多行业的革命性变革和技术进步。

第一性原理思维是一种溯源思维，强调从事物的最根本属性、特点和规律出发来分析和解决问题。换句话说，就是要求我们透过年复一年的重复和表象纷呈的现象世界，剥茧抽丝，探寻到事物的最本质内核，即透过现象看本质。比如，在探讨一项技术、一个产品甚至是一个商业模式时，第一性原理思维要求我们不仅要看它现在是什么样的，更要弄清楚它为什么会存在，它基于什么样的逻辑和原理，有哪些潜在的变革可能。

具备第一性原理思维的人，能够在复杂多变的世界中保持清醒和独立，他们能看到问题的本质，能预测未来趋势，能创新性地提出并实施解决方案。如果你具备这种能力，那么你就很强了。而马斯克，无疑就是具备这种能力的人。

在马斯克创立SpaceX公司时，美国航天界的主流观点为：火箭发射卫星是一项资本密集型且技术门槛极高的项目，不仅投入成本高昂，而且时间成本巨大。这一观点是基于当时航天行业传统的“重型火箭+大型卫星”模式得出来的，在这种模式下，只有像波音公司这样具备雄厚资金实力和技术积累的大型航空航天公司，才能承担得起研制和发射重型运载火箭以及大规模生产大型卫星的高昂成本。

然而美国军方、科研机构和大公司中却有着一种迫切的现实需求，即寻求一种更为经济高效且灵活的卫星发射方式。随着通信和遥感技术的迅速发展，市场上对于成本较低和可以迅速部署的小型卫星的需求日渐增长。这些小型卫星通常较轻，功能设计也趋向简化，传统的批量生产模式不再适应其成本效益及快速更新的市场需求。

马斯克洞察到了这一市场空白，他意识到，如果能够突破传统航天行业的束缚，满足低成本、快速发射小型卫星的需求，将会为全球的商业航天市场带来革命性的变革。

为什么马斯克的SpaceX公司能够取得成功？答案很简单，那就是马斯克运用了第一性原理思维。他将第一性原理思维引入SpaceX公司的管理和运营中，以颠覆式创新为目标，从最根本的角度思考问题，不断寻求降低成本、提高效率的途径。

直至今天，马斯克在SpaceX公司所做的一切，都是围绕第一性原理思维展开——几乎所有零部件都自己研发、制造，疯狂地降低成本。而关于特斯拉，仍然是围绕这个第一性原理思维展开的：不断地降低电池组的成本，并最终将特斯拉电动汽车的整体售价降低到跟市场上传统燃油车相当的水平。

在当今社会，信息的泛滥使我们置身一个充满各种消息的环境之中。这些五花八门、形形色色的信息源源不断地袭来，对我们的感知造成了极大的冲击。每天，我们都在不停地筛选这些信息，试图从中找到有用的部分。但不幸的是，这些海量的数据通常只提供了对事物表层的认识，而未能触及其更深层次的原因和联系。

当我们处于信息量巨大且复杂的环境中，通常情况下只能依靠观察表面现象来理解周遭世界。我们运用的比较思维方法，使得我们频繁地在事物间寻找不同之处，并在这些差异中寻求相似性，逐步构建对世界的理解。这一思维方式虽对我们认识世界有一定的助益，却也逐渐展现出其固有的限制。

有人说：运用第一性原理思维进行思考，是塑造卓越而实用的思维模式的最佳途径之一。这意味着，如果我们能够洞察每个情境的核心事实，我们便能形成解决问题的独特视角，不再随波逐流。但真正践行这一原理思维并非易事，因为大多数人的工作与思维方式并不倾向于此。

我们自幼便被教育要遵循规则，形成良好的行为习惯和价值观。规则是社会秩序的基石，是我们日常生活和工作中不可或缺的一部分。然而，第一性原理所倡导的思考方式似乎与此背道而驰。第一性原理强调的是追根溯源，探寻事物最本质的属性和规律，从而对问题进行深入剖析，寻找最根本的解决方案。这种思考方式似乎与我们所遵循的规则相悖，因为它要求我们打破常规，从新的角度去思考问题。

正如谷歌首席人力资源官拉斯洛·博克所指出的，许多人在创造力和逻辑力方面都存在短板。这也不难理解，因为创造力和逻辑力需要我们在思维上有所突破，需要我们有开阔的视野和深刻的洞察力。而这种思维方式的掌握和运用，恰恰是第一性原理思维所强调的。因此，真正掌握和运用第一性原理思维，需要我们不断地学习和实践，认清本质。

3. 鼓励开放与自由

管理学大师彼得·德鲁克在其管理理念中强调，理想的工作环境是充分授权给员工，让他们拥有足够的工作自主性和决策权，从而免除不必要的监督。在这样的工作环境中，员工需要清楚了解公司对他们的期望和要求，同时，也需要明白公司是如何对他们的工作绩效进行评估和考核的。这种透明的工作制度和明确的期望设定，能够让员工更加高效地完成工作任务，同时也能够促进他们的职业发展。

开放与自由的工作氛围对于培养第一性原理思维至关重要。第一性原理思维是一种从本质出发思考问题的方式，它能够帮助员工在面对复杂问题时，跳出框架，寻找最根本的解决方案。这种思维方式的养成依赖于一个能够支持员工开放交流和自由表达的工作环境，使得员工可以从传统思维模式中解放出来，探索更多元和深入的问题解决策略。

SpaceX 公司是新派与老派的结合，网络时代与冷战时代的结合。和今天众多的硅谷高科技企业一样，SpaceX 公司的厨房里总是随时准备着饼干、薯片等零食，还有各色饮料。你还能在 SpaceX 公司见到台式冰球桌、游戏机，还有一些两轮电动车。马斯克还会经常带着他的四只宠物狗来上班。

众多员工高度投入自己的工作中去，他们大多穿着随意，很多时候都是穿着 SpaceX 公司的 T 恤衫来上班。这样的氛围让 SpaceX 公司秉持着第一性原理思维。

马斯克将硅谷自由创新的企业精神带到了航天企业：SpaceX 公司的工作环境和氛围与谷歌极为相似，但它与同属航天企业的波音公司却完全不同。马斯克喜欢亲自打理公司的一切繁杂事务，他甚至会专门花上一个下午的时间来为公司挑选家具，目的是让那些工程师们保持愉快的心情，让他们投入更多时间到工作中。这看起来似乎违背常理，但是却非常管用。

在位于埃尔塞贡多的 SpaceX 公司厂房里，地板上到处都散落着各种巨大的火箭金属部件，2219 铝合金制造的第一级火箭燃料罐水平地躺在那里，占据了整个工厂。除了几个在小厨房休息吃点心的员工外，其余的人都在各自的岗位上为火箭忙碌着：有的在塑料帐篷里焊接钛金属，有的正在检查“猎鹰火箭”的发射系统，有的正在开发整流罩，有的正在检查发射设备，有的正在用 3D 打印设备打印火箭零件。科学家们在电脑边工作，讨论着各种最新的测试结果，整个工厂的气氛有些严肃但又异常生动。

为了营造一个自由开放、鼓励创新的环境，马斯克及其领导下的SpaceX公司采取了独特的沟通策略。任何员工，无论其职位高低或部门差异，在每个周五的午餐时间都可以直接向马斯克提问，探讨SpaceX公司的未来发展方向。这种做法旨在打破层级壁垒，确保信息的畅通无阻，让每位员工都能感受到自己对公司的成长与发展有着直接的影响力。

凯文·布洛根曾这样评价道："在SpaceX公司，你总能清晰地看到未来的趋势和方向，而在TRW公司（一家美国汽车零部件供应商），情况则截然不同，你很难判断出公司是否在朝着正确的方向前进。"他的话揭示了马斯克领导风格的核心——透明化与开放性。

在马斯克的眼中，所有的员工都是朝着一个共同目标努力的伙伴，他们之间的关系应该是绝对开放和自由的。他认为，只有在一个开放的环境中，员工们才能无拘无束地交流思想、分享观点，进而更好地运用第一性原理思维，去解决复杂的问题，提升工作效率，最终实现公司整体战略目标。

第三章
CHAPTER THREE

一年抵八年
——用 Time Boxing 做管理

一般来说，大多数创业者一生中可能只会在一次创业中倾注全部精力，这是因为创业不仅需要深厚的专业知识和技能，更需要巨大的资金投入以及长期的精力付出。然而，马斯克却是一个例外，他不仅一生创业七八次，更是同时管理着 10 家明星公司。他的旺盛精力和时间管理方式值得所有人学习。

吴晓波对马斯克的时间管理方式给予了高度评价：马斯克的“Time Boxing”（拳击时间）时间精益化管理方法使得时间产生了复用效果。马斯克用这种方法将一整天的时间精细化地划分为多个 5 分钟的时间段，并为每个时间段精心安排特定的任务或活动。通过这种高度结构化的时间管理方式，马斯克能够确保自己在每个时间段内都专注于一件事，从而提高工作效率，使得自己在多个公司、多个角色中都能够游刃有余地切换。

这种时间管理方法，一方面体现了马斯克卓越的自我管理能力，另一方面也彰显了他对于时间价值的深刻理解。马斯克懂得如何将时间最大化地利用起来，让每一分钟都发挥出最大的价值。这种精神值得我们每一个人去学习，去实践。无论是在工作还是生活中，我们都应该学会更好地管理自己的时间，提高效率，以便更好地实现自己的目标和梦想。

一、Time Boxing 工作法

1. Time Boxing 是什么

拖延症是一种普遍的心理现象，几乎每个人都曾与之斗争过。它表现为一

种对任务期限的忽视或对执行任务的抵触情绪，即使任务的重要性显而易见，截止日期在即，人们仍然倾向于回避现实，将工作一拖再拖。这种现象背后涉及多种多样的原因——动机、习惯、压力管理等。拖延症带来的负面影响日益受到社会各界的关注，为了解决这一心理问题，社会各界一直在积极探索各种应对策略，其中之一是运用 Time Boxing 做时间管理。

1991 年，著名的计算机科学家兼管理学家 James Martin（詹姆斯·马丁）在他的著作《快速应用程序开发》中首次提出了 Time Boxing，并逐渐得到了广泛关注和采纳。

Time Boxing 体现了一种高效的时间规划与自我管理能力。其核心理念是在一天之内设定具体且明确的分钟或小时数作为不可分割的时间区块，专门用于执行重要任务或应对棘手问题。在这个划定出来的时间段内，必须全力以赴、全神贯注于手头的工作，摒弃一切与要完成任务无关的事务，将全部注意力集中于目标达成。现如今，Time Boxing 已经成为现代企业管理、项目运作以及个人生产力提升的重要策略之一，它的流行和普及在很大程度上取决于它在商业和科技领域所取得的显著成效。众多行业领导者如马斯克、比尔·盖茨等人都积极推行并受益于这种时间管理方法，并且在各自领域取得了举世瞩目的成就。

运用 Time Boxing 做时间管理时，一旦设定了时间限制，就必须遵循“一旦开始、必须完成”的原则，也就是说在规定时间内无论是否完成任务都要果断停止工作，这种无条件遵守时间规定的方式旨在强化自我约束力，促使人们在设定的期限内高效且专注地完成工作。这种方法通过设定严格的结束时间，帮助我们建立一种对时间的尊重和敬畏感，从而更好地聚焦于核心目标，避免拖延症或注意力分散导致的工作效率低下。

马斯克对 Time Boxing 这一时间管理技巧进行了创新性运用，他并没有局限于传统的 24 小时制来进行时间规划，而是巧妙地将一天的时间切割成更小、更易于管理的片段，每个片段的长度设定为 5 分钟，这样，24 小时就被细分为

288个独立且连续的“时间方糖”。马斯克将5分钟的“时间方糖”作为自己日常安排任务的基本单位，这种做法充分体现了他的高效工作哲学和对时间管理的极致追求。对于任何一项特定任务，无论其持续时间多长，他都会将其转化为若干个5分钟的“时间方糖”，然后根据任务的重要程度和紧急程度，精确地将其安排进他的日程表中。

这可能看起来作用非常有限，但它是一件积极的事情。严格控制任务执行的时间对于提高工作效率非常重要。正如帕金森定律所说，“工作会不断扩展，以填满可用的时间”，如果某项任务需要5分钟，而你为其安排了15分钟，则15分钟就是该任务所需的时间。马斯克对自己的时间安排很严格，就是为了避免这个问题。通过设定硬性时间限制并坚决按照时间限制来执行任务，可以促使人们更加专注、高效地完成任务，而非让工作拖延或扩展至可用的每一个时刻。马斯克不仅设定了明确的工作目标，还对自己的日常工作时间进行精细化管理，以确保每一项任务都能按时完成，从而避免因时间分配不合理导致的工作堆积和压力增大。通过这种方式，他能够保持高效的工作节奏，持续推动项目的进展，实现宏大的战略目标。

2. 为什么 Time Boxing 如此有效

用 Time Boxing 做管理，看似简单，但它也时常被人们误解，自身也存在着陷阱。一种常见的误解是将其描绘成一种僵化、不灵活的系统。实际上，运用 Time Boxing 做时间管理的核心在于强制性地打破常规，通过设定硬性的时间限制来促使人们更加专注、高效地完成任务。尽管每个时间段内有特定的任务需要完成，但这种方法并不意味着不能对任务顺序或工作量进行灵活调整。恰恰相反，这种管理方式鼓励个人根据实际情况灵活安排工作计划，以适应不断变化的工作需求和个人状态。

Time Boxing 的陷阱在于让人忽视休息。在追求高效工作的过程中，很多情况下人们会倾向于将所有可利用的时间都填满工作任务，却忽略了休息对于提高生产力和创造力具有至关重要的作用。研究表明，适当的休息不仅可以防止工作效率下滑，还能让人在短时间内恢复精力，从而提升整体的工作效能。因此，运用 Time Boxing 做时间管理时，还应该注重工作与休息的平衡之道，合理的劳逸结合是保持高效工作状态的重要途径。在每个时间段结束后，应当遵循预先设定的规则，进行适度的休息和放松，以此来调整状态、恢复精力，确保接下来的工作能够充满活力地进行，实现工作节奏的张弛有度。

尽管 Time Boxing 存在上述的误解和陷阱，然而，普遍的共识是，Time Boxing 是保持井井有条和掌控工作的最佳方式之一。

以下是 Time Boxing 如此有效的原因。

它删除了选择的元素。你是否觉得自己有太多事情要做却没有足够的时间去做？ Time Boxing 对此有所帮助——它准确地规定了你要做什么以及何时做。这消除了必须决定首先应该做什么的压力，并帮助你专注于该任务。

它可以帮助你确定任务的优先级。待办事项列表上有太多待处理任务的问题是，它们看起来同样紧迫。然而，Time Boxing 可以帮助你可视化你的所有任务，不仅根据它们的紧急程度，而且根据它们对你的重要性——无论是学术上还是个人生活上——对它们进行排序。

它可以帮助你保持纪律。你是否发现自己总是答应与朋友见面或参加活动，因为你认为自己有空，却发现自己有一项任务要在本月晚些时候到期，而你还没有准备好？通过 Time Boxing，你可以提前计划好需要做什么，通过填满你的日历来消除外界的诱惑。

它摆脱了“计划谬误”。“计划谬误”是一种人为错误，即我们在预估完成任务需要花费的时间时，往往会过于理想化，忽视了一些不可预见的困难和挑战，结果就是低估了任务实际需要花费的时间。与此同时，我们往往倾向于高估自己在执行任务上的效率与速度，这种过于乐观的估计导致了设定的期限往往无法满足实际工作需求。

Time Boxing 的目标不是创建一个僵化、不灵活的时间表，而是提供一种灵活且富有弹性的时间结构，帮助个体更好地聚焦任务重点，科学合理地分配和利用时间资源，从而实现工作与生活的和谐平衡。马斯克对 Time Boxing 的使用进一步印证了这种方法对于提升生产力的积极作用。Time Boxing 并不是克服所有生产力挑战的“灵丹妙药”，但它是一个强大的工具，如果使用得当，可以帮助您控制时间、减轻压力并提高效率。

3. 如何在日常生活中实施 Time Boxing

对于很多初次接触 Time Boxing 的人来说，它可能给人一种有些令人畏惧的感觉。然而，任何一种新习惯的养成都需要我们采取循序渐进的方法。想要熟练地运用 Time Boxing，只需要从简单的步骤开始，逐步将这种方法融入日常生活，就能轻松地实现从理论到实践的过渡，并最终将其转化为自身的一种能力。

首先，选择打算在时间范围内完成的任务。可以是工作任务、个人项目，甚至是休息时间。接下来，为每个任务分配特定的时间段，该期限取决于手头任务的性质和复杂性。请注意，马斯克的 5 分钟“时间方糖”可灵活掌握。

其次，在这个阶段设定界限变得至关重要。一旦你设定了时间表，就尊重它。如果任务未在分配的时间内完成，请将其移至下一个时间框或查看其“溢出”的原因。此过程有助于提高你的时间估算技能。

最后，定期检查和调整你的时间表。随着时间的推移，你会发现最适合你的节奏。事实证明，灵活的方法在这里至关重要。因此，有效的时间管理并非一成不变，而是需要随着实际情况的变化来进行动态调整。

举例来讲，若你要写一篇博客文章，你可以限制完成时间，而不是让这个任务占用一整天的时间。你分配从上午 10：00 到中午 12：00 的 2 小时时间来完成任务。在此期间，你唯一的工作就是撰写博客文章。中午 12：00 后，即使你尚未完成博客文章，你也可以继续执行下一个任务，稍后随时为其分配另一个时间段。若你需要为下周的会议准备演示文稿，你可以将完成此任务的时间划分为一周内的几个“1 小时时间框”，而不是尝试一次完成所有任务。这使你能够在可管理的时间内处理演示文稿，而不会感到不知所措。若想保持有规律的锻炼习惯。你可以每天早上安排 30 分钟锻炼。这会养成一个一致的习惯，并确保你即使在忙碌的时候也不会忽视自己的健康。总而言之，Time Boxing 的目标不一定是在分配的时间内完成任务，而是取得一致且有重点的进展。

二、马斯克对 Time Boxing 工作法的运用

1. 运用二八定律

二八定律又称帕累托法则，是由意大利经济学家帕累托提出的。它指出，在任何一组事物中，重要的因子通常只占少数，约 20%，其余的 80% 尽管是多数却是不重要的因子。这一定律强调了在各种情况下，只需控制关键的少数因素，便能对整个局面产生影响。简而言之，二八定律揭示了一种不平衡的现象，提醒人们要抓住主要矛盾，重视关键因素的决定性作用。

马斯克能够有效管理多家公司并创造巨大影响力，与其独特的时间管理方法有关。马斯克采用 Time Boxing，例行二八定律，将大量时间花在最重要的事情上。在一次采访中，马斯克说：“很多人可能认为我花了很多时间在处理媒体上，实际上我 80% 的时间都用于工程设计，我更专注于开发产品。”很少有 CEO 能像马斯克这样注重产品开发。

马斯克运用二八定律来分配自己的时间和精力，他将大部分的时间用在了特斯拉和 SpaceX 这两家公司上，这样才能不分散注意力，以便抓住最重要的事情。以特斯拉为例，马斯克在设计工作室经常一待就是半天，与首席设计师一同工作。身体力行地接触设计让马斯克获得解决问题的直觉，使其既能参与设计工作，也能更敏捷地做出决策以应对各种状况，不把时间浪费在不重要的事情上。

与全球其他知名 CEO 相比，马斯克的性格较为强势，在面对他认为愚蠢的人时还有点粗鲁、不讲情面。当他觉得与某人对话和联系会浪费他的时间，他会立即中断谈话。这种行为在外人看来很粗鲁。但对马斯克来说，强迫他去参与无用的对话或社交才是真正粗鲁的行为。

当你试着转换思维去看待时间，会让时间碰撞出全新的排列组合，从而产生意想不到的结果。我们也可以运用二八定律来优化自己的工作效率，步骤如下：首先，分析工作中最重要或最有价值的任务，找到那 20% 的重要因子，即对这些任务产生最大影响或贡献的因素。其次，将自己 80% 的时间和精力集中在 20% 的重要因子上，并尽量优化和改进它们。最后，用剩余 20% 的时间和精力去处理余下 80% 不太重要的事情。

2. 使用异步沟通方式

马斯克说："我非常喜欢电子邮件。只要有可能，我都会选择异步沟通的方式。我真的很擅长通过电子邮件来沟通。"异步沟通是指双方不需要同时在线或面对面的沟通方式，比如通过邮件和文本沟通，沟通者在等待对方留言时可以处理其他事。异步沟通能够减少不必要的会议和干扰，从而提高工作效率。

马斯克运用时间的诀窍是创造"时间限"而不是时间线，他善于通过设定任务截止时间来提高效率和生产力。马斯克并不以常规的时间规划管理来划分工作和任务的界限，而是通过创造性地安排紧凑的"时间限"来保证持续的工作紧迫感。他强调每个任务都必须按时完成，这种时间管理方式使得他能够在短时间内完成更多的工作，并始终保持高效率状态。在休息时，他对自己也有要求，比如他规定自己用餐时间为 5 分钟，并且边吃饭边回复邮件，一周安排 10 小时陪伴家人，一边陪儿子玩，还一边回复公事等。

上文提到，马斯克 80% 的时间都用于工程设计，因此想要保持高效工作状态就必须提高专注度。更专注地工作才能带来进步，而注意力分散的代价是巨大的。研究表明，一个人的专注状态被打断后，注意力至少需要 30 分钟才能重新集中。所以当你在做某事时，如果你停下来，用 5 分钟时间看朋友发来的视频，实际上你会浪费 35 分钟的时间。上述情况在我们的日常生活很常见，这些浪费的时间会占据我们生活的一半。破解之法就是采用异步沟通方式，以提高专注力。

异步沟通还有一个优势是允许人们慢思考，批量处理事务。众所周知，我们更擅长反复批量处理同一类事情。成功人士有一个相似之处，即邮件都集中在一个时间段去回复、处理，因为这样效率更高。由于可以自由安排沟通顺序，异步沟通为我们把一类事情归到一起做提供了可能。

很多成功人士早睡早起。起床之后，他们的第一主题都是生活，有的冥想、有的瑜伽、有的跑步。但马斯克却不是，他起床后立马投入工作，睡醒就开始争分夺秒地处理邮件。七点到七点半，他会处理紧急且重要的工作。回复完最重要的邮件后，马斯克会亲自送孩子上学。

正确使用异步沟通方式，我们也能提高自己的工作效率，具体方法如下：尽量减少不必要的对话和活动；传递信息、反馈意见和协调工作时，尽量使用邮件、文本等异步沟通方式；使用异步沟通方式时，必须保持信息的简洁明了和及时准确。

3. 集合最优秀的人

当马斯克总结他成功的秘诀时，他指出了其中一点："吸引顶尖人才与你共事。"企业是一群人集合在一起创造产品或服务的组织。无论你是创业还是进入一家公司工作，关键在于与顶尖人才一起工作。如果你在创业，你应该尽力找到最有才华的人才。因为，只有优秀的人才可能跟上你的节奏，你们必须"同频共振"才能高效地完成目标任务。

企业的成功离不开一群优秀的人共同创造出一个伟大的产品，而产品方向正确与否对于企业的成功至关重要。团队成员必须同心协力，专注于正确的产品方向，才能取得巨大的成功。

马斯克每次创业时都集合优秀的人，并给予他们足够的信任和自由，让他们充分发挥主观能动性，自主地解决问题和创造价值。他从不过多干涉员工的工作细节，只为他们描绘清晰的愿景和制定明确的目标，同时鼓励他们用最优路径去实现它们。

PayPal 的创始团队堪称硅谷历史上最伟大的商业和工程天才的组合。马斯克有着发现工程领域青年才俊的敏锐眼光。eBay（易贝）在收购 PayPal 不久，PayPal 的很多核心成员就陆续离开了，但是他们却在 PayPal 的创业过程中结下了深厚的友谊，即使离开了 PayPal，他们之间依然保持着联系，他们这群人给自己取了一个很有趣的名字——“PayPal 帮”。

在最初加入 PayPal 并且一直坚持下来的几个人，他们身上都有着几个共同点：竞争力超群、博学、精通多种语言、精通数学，而且都是不折不扣的工作狂。PayPal 联合创始人列夫琴回忆：PayPal 这帮年轻人都比较内向，不带有普通人先入为主的偏见，不会为过多的社交活动而分心，工作思路也十分清晰。他们几乎是没日没夜地工作，吃住也常在办公室，空闲的时候他们就一起打乒乓球和掰手腕，他们的生活简单而纯粹。

在 PayPal 的这段奋斗经历对他们都产生了深刻的积极影响。雷德 · 霍夫曼是 PayPal 的前行政副总裁，在离开 PayPal 后他创立了面向职业人士的社交网络领英（LinkedIn）。

霍夫曼说：“我非常喜欢 PayPal 那种全是精英的工作氛围，在 PayPal 工作的人分析问题都非常的敏锐。一切都与理由和观点有关，从不谈经验，因为经验在这里并不实用。”

PayPal 网站设计师查德 · 赫利回忆他在该公司的职业生涯时表示，那段时间为他提供了极其有价值的经验，也标志着他正式步入商业领域。查德 · 赫利分享说，在 PayPal，他见证了许多创意逐渐变为现实的过程，这段经历让他深刻地了解到创业的意义，并深刻影响了他之后的生活和职业发展。“在 PayPal 工作的每一天都充满了奋斗与挑战，这些经历让我学到了很多，对我日后的生活产生了深远的影响。”他如是说。

马斯克曾说：“我宁愿用一个非常优秀的人来做事情，也不愿用 100 个普通人来做事情。”在马斯克看来，企业的成功关键在于拥有能力出众和热情满满的员工。这种人才能够高效执行任务，与他们协作可以更好地推进项目和实现目标。因此优秀人才的聚集是实现企业愿景的重要因素。

4. 与批量处理相结合

在现代社会中，时间管理已成为提高工作效率、减少压力和保持生活平衡的关键要素。批量处理作为一种有效的时间管理技巧，如果与 Time Boxing 紧密结合，将有助于我们更好地管理任务、提高工作效率。

批量处理是指将一些类似或相关的任务集中在一起完成，而不是分散处理。其好处是可以减少任务切换带来的时间消耗，避免不断改变工作状态，从而保证工作时更加专注和高效。

将 Time Boxing 工作法与批量处理相互结合，可以提高时间管理的效率。我们需要做的事情是将相似的任务归类为批量任务，然后为每个批量任务设定一个固定的时间段。在规定的时间段内，我们专注于完成该批量任务，不受其他事务的干扰。具体实施步骤如表 3-1 所示。

马斯克将 Time Boxing 时间管理技巧与批量处理相结合，不断优化工作流程，不仅减少了工作负担，还提高了工作效率。马斯克把他的工作任务分为两类：重要的和紧急的。重要任务是指那些对长期目标和愿景有深远影响的任务，比如设计新的产品、创新业务模式、做出关键决策等。这类任务虽然可能不紧急，但却至关重要。紧急任务则是对日常运营和管理有短期影响的事务，比如回复电子邮件、参加会议、撰写报告等。这类任务往往比较紧迫，但不一定对长期目标有重大影响。马斯克利用批量处理的方式，将相似的工作集中在一起处理。比如，他把所有与产品设计相关的任务安排在一个时间段内，这样可以确保他在处理这些任务时，能够全神贯注，不受其他事务的干扰。

表 3-1 Time Boxing 与批量处理相结合的实施步骤

步骤	具体操作
任务分类与确定优先级	首先，我们可以将任务分为紧急、重要、一般和低优先级四个等级。然后，我们根据优先级安排任务的处理顺序，确保优先处理重要和紧急的任务
时间分配与监控	首先，我们可以根据任务的复杂度和重要性，为每个批量任务设定一个合理的时间框定。然后，在执行任务时，我们需要监控时间消耗，确保在规定时间内完成任务
避免多任务处理	多任务处理往往会导致注意力分散，降低工作效率。因此，在实施批量处理和 Time Boxing 时，我们需要避免同时处理多个任务。相反，我们应该专注于完成一个任务后，再开始下一个任务。这样可以帮助我们更好地集中注意力，提高工作效率
定期回顾与调整	我们可以定期回顾过去的工作表现和时间管理情况，找出存在的问题和改进的空间。然后，根据回顾结果调整任务分类、优先级设置和时间分配策略，以进一步提高工作效率

特斯拉生产流程的不断优化，是马斯克将 Time Boxing 与批量处理相结合以优化工作流程的经典案例。

复杂的生产流程无法满足日益增长的市场需求，马斯克据此明确了特斯拉的优化目标：提高生产效率，降低生产成本，同时保证产品质量。他深知，只有通过有效的流程优化，才能在激烈的市场竞争中立于不败之地。

从找出生产流程中的低效环节着手。马斯克组织团队对现有的生产流程进行了深入分析。他们发现传统的生产方式存在很多重复性的工作和不必要的等待时间，这些都是导致生产效率不能满足市场需求的重要因素。

针对这些问题，马斯克提出了解决方案——Time Boxing 与批量处理相结合。他引入先进的自动化技术，将原本分散的生产任务整合成若干个大的批次，通过集中处理来减少转换时间和等待时间。同时，他还优化了生产线的布局，使各个工序之间的衔接更加顺畅。

在设计完解决方案后，马斯克立即组织团队实施。他们首先对生产线进行了改造，安装了大量的自动化设备，并对员工进行了培训，以确保他们能够熟练操作新设备。同时，还建立了严格的质量监控体系，确保批量处理过程中产品质量不受影响。

在实施优化措施后，马斯克密切关注生产线的运行状况。他定期查看生产数据和质量报告，以便及时发现问题并进行调整。他还鼓励员工提出改进意见，以便不断完善生产流程。

经过一段时间的运行，马斯克对优化方案的效果进行了评估。他发现，通过 Time Boxing 与批量处理相结合，生产效率得到了显著提升，生产成本也大幅降低，产品质量也保持稳定。这些成果让马斯克对优化效果非常满意。

第四章

CHAPTER FOUR

「火星人」的情绪管理

——在压力中成长

作为一名科技界的巨擘，马斯克面临着来自技术、管理、市场和公众舆论等方面的多重压力。然而，他并没有被这些压力压垮，反而凭借着出色的情绪管理能力，将这些压力转化为动力，创造出令人瞩目的成就。

马斯克的情绪管理能力并不是天生就有的，而是在经历了无数次的挫折和失败后逐渐形成的。他懂得如何调整自己的心态、如何在困难面前保持镇定和冷静、如何用自己的独特方式来应对压力。这些能力并不是一蹴而就的，而是经过长期的积累和磨炼才形成的。

一、压力来源

自从马斯克以其独特的商业视角和创新精神开启了一系列颠覆性项目，他就未曾停止过对科技和商业领域既有规则的挑战与革新。马斯克创立的公司在电动汽车、太空探索、太阳能技术、神经科学和人工智能等多个前沿领域取得了突破性进展。然而，马斯克的成功之路并非一帆风顺，他时常处在聚光灯下，面对着来自各个方面的巨大压力和挑战，其在创业过程中面临的压力如表 4-1 所示。

表 4-1 马斯克创业过程中面临的主要压力

压力	具体表述
技术研发压力	马斯克的项目，如 SpaceX 公司的“星舰”运载火箭、特斯拉的无人驾驶电动汽车和 Neuralink 公司的脑机接口神经技术，都是前沿科技领域的高难度项目。这需要他的团队不断攻克技术难题，而这些难题有时需要数年甚至数

续表

压力	具体表述
技术研发压力	十年的时间来解决。然而在科技行业，时间是一个关键的因素。马斯克需要在有限的时间内不断攻克技术难题，这对他来说是一个巨大的压力
公司管理压力	一方面，初创公司往往面临资金短缺的问题，尤其是像 SpaceX 公司和特斯拉这样的需要大量研发投入的企业。马斯克不仅要吸引投资者，还要在保持公司运营的同时，确保有足够的资金进行长期研发。如果创新失败，可能会给公司带来巨大的经济损失，甚至可能影响到公司的生存。另一方面，随着公司的成长，管理大量的员工变得更加复杂。马斯克需要确保团队的文化、愿景和执行力都保持一致，这对他来说是一项巨大的挑战
市场竞争压力	在高度竞争的科技行业中，竞争对手不断涌现。马斯克必须确保他的公司在技术、产品质量、性价比等方面都保持领先。以特斯拉的无人驾驶技术为例，随着无人驾驶技术的不断发展，越来越多的汽车制造商和科技公司开始涉足这一领域，特斯拉作为行业的领军者，自然面临着巨大的竞争压力。如何在竞争中保持领先地位，成为特斯拉不得不思考的问题
公众舆论压力	由于马斯克的高调风格和其在多个领域表现活跃，公众对他的期待和质疑都非常高。他需要平衡这些期待，同时应对那些可能损害公司声誉的质疑。比如马斯克的人工智能公司 xAI，就需要应对公众对人工智能存在的疑虑和担忧。这些担忧包括人工智能是否会取代人类的工作、是否会对人类安全构成威胁等

二、情绪管理的价值

1. 拥有准确的判断力

压力与挑战会影响判断的准确性，而良好的情绪管理可以提高我们的注意力和创造力，使我们更加开放和灵活，有利于信息的收集和分析，从而提高判断力的准确性。

在生活中，无论是在看似微不足道的时刻，还是在至关重要的时间片段，我们都承载着理智而审慎思考与决策的责任。生活中的每分每秒，如同一部无脚本的电影，每一天、每一刻都充满了未知的情节转折和意想不到的插曲。而这些情节的发展走向，往往取决于我们如何运用判断力，来引导剧情向着令人满意的方向发展。

准确的判断力建立在丰富的知识储备、深刻的洞察力以及经验的积累等基础之上。在面对抉择时，我们需要迅速而果断地做出决策，因为很多时候，成败的关键就在这一念之间。这一“念”，并非单纯指瞬间决定的想法，而是强调了判断力在决策过程中的核心地位。

西方哲学家康德说过，判断力是一种天赋的能力，只能锻炼，却没法教授。

判断力是指利用已有信息对未知结果做出决策的能力，同时也是对事物发展趋势进行方向性把握的能力。在工作过程中，判断力是非常重要的，它有助于提高工作效率和准确度。

判断力是成功的关键因素，能够帮助人们在决策和行动中做出明智的选择，从而实现目标。

就如稻盛和夫所言：“要想成为优秀的企业家和领导，就必须具备能够瞬间做出正确判断的能力。否则的话，等到将来公司规模壮大、员工增加，就势必很难保障数万名员工的生活和福利。”

马斯克凭借过人的判断力和前瞻性，不仅成功创立了多家公司，还在多个领域实现了突破。在特斯拉的发展过程中，马斯克展现了他的技术预见能力。当时，电动汽车技术尚处于起步阶段，市场还没有完全成熟，消费者对于电动汽车的接受度和信任度都比较低，但马斯克凭借他对未来交通出行方式的深刻理解和大胆预测，坚持认为电动汽车将是未来汽车工业的主导趋势。正是这种对技术发展趋势和市场需求变化的精准预见，使得特斯拉在激烈的汽车市场竞争中抢占先机，不仅稳固了其在电动汽车市场的领导地位，还带动了整个电动汽车行业的蓬勃发展。

对于事物发展的提前预判，往往能帮我们找到最好的应对之法，而要拥有这种预判能力，需要我们做一位优秀的情绪管理大师，从而更好地收集、积累信息。这样我们对行业动态、市场变化、科技进步等的判断力将得到显著提升，不再局限于眼前短暂的发展，而是能够洞察秋毫、预见未来。这样的预判能力，将引领我们在波澜壮阔的时代洪流中乘风破浪、找准方向、稳健前行。

2. 明白“固执己见”未必都是错的

因为固执己见可能会导致我们对他人的观点和需求缺乏充分的尊重和理解，从而妨碍有效的沟通与合作，所以其在人际交往和社会互动中常常被视为一种不太受欢迎的负面特质。然而，在某些特定的情境和领域中，固执己见却可以发挥出独特的正面效应。例如，在科研领域，面对复杂且充满未知的科研课题时，固执己见的精神反而是推动创新和发展的重要动力。

这是因为，固执于某一理念或观点，往往意味着对它的深度理解和坚持，这迫使个体不断挖掘、探索并捍卫自己的信念，从而激发出强大的求知欲和行动力。这种对知识和真理的执着追求，促使科研人员突破常规，勇于挑战权威，发现新的规律，创造新的理论，进而推动整个学科领域的发展。在这一过程中，情绪管理将会发挥至关重要的作用。因为在固执己见的过程中，人们需要学会合理地调控自己的情绪反应，避免因观点冲突而陷入情绪化的困境，管理好情绪才能确保在追求科学真理的道路上保持冷静与理性，使得固执己见这一特质在推动科研创新方面发挥出其应有的积极作用。

在当今这个纷繁复杂、瞬息万变的社会环境中，人们时常会面临各种诱惑与挑战，尤其是在那些随波逐流、缺乏坚定信念和价值观的地方，要始终遵从内心真实的声音，坚持自己的选择，的确是一件不容易的事情。在这种情况下，外界的影响很容易使人迷失方向，淹没在周围的声音之中。此时，那些坚持自己独特见解、拒绝平庸的人，往往会被视为背离传统者。在一个缺乏宽容的环境里，大众通常更喜欢那些符合主流观念的行为和价值观，并对那些挑战既定规范、试图突破的人施以冷眼，甚至给他们贴上“不合群”“异类”“反叛”等标签。

如果一个人总是过于在意别人的看法，他的行动就会受到别人的影响，甚至完全取决于别人的意愿，这样的人会失去自我，成为他人意愿的奴隶。具体来说，如果一个人没有自己的主见，总是盲从别人的建议，那么他就会失去独立思考的能力，也就无法做出正确的决策。

对我们每个人来说，我们应该对每件事都有自己的看法，而不要太在意别人的观点。当面对双向甚至多向选择时，决策权应掌握在我们自己手中。也许有时我们自己的选择并不是最好的，但是谁能保证别人的选择是正确的呢？

2000 年底，PayPal 已经拥有 500 万用户，支付总额超过了 10 亿美元。数据显示，当时 PayPal 处理的支付业务超过了整个网上支付市场的 10%。到了 2001 年 4 月，PayPal 的注册用户更是突破 700 万，PayPal 系统上的现金流量也成倍增长，达到了 20 亿美元。PayPal 的市场规模不断扩大，得益于 eBay 个人对个人交易业务的迅速增长。这也让 eBay 意识到他们得加紧收购 PayPal 的步伐。

在网络支付平台迅速发展期，作为全球最大的个人拍卖网站 eBay 自然是不会放过支付平台这项业务。其实当时 eBay 也曾推出过自己的支付平台票点（Billpoint），但是在 PayPal 的疯狂扩张下，它很快偃旗息鼓。继而 PayPal 发展成了全球最大的网上支付平台。

2001 年，eBay 意识到必须迅速收购 PayPal，并出价 4 亿美元。马斯克第一个站出来拒绝了 eBay 的收购，并且在他的坚持下公司管理团队最终拒绝了 eBay 的这次出价收购。eBay 在遭到拒绝后迅速将筹码加到了 8 亿美元。这个时候董事会开始动摇了，而马斯克却依然坚持，甚至态度更加坚决。他向董事会极力争辩，一再说明拒绝这 8 亿美元，后面 PayPal 会给大家带来更大的回报，公司还将继续发展，它的规模和价值还将继续增长。

终于，在马斯克的坚持下，PayPal 拒绝了 eBay 的第二次出价。随后，PayPal 开始了它的上市之路，很快在 2002 年 2 月，PayPal 成功上市，并且在股票市场表现出色。

彼得・泰尔在 PayPal 首次公开募股时说：“那可能是 PayPal 做得最正确的决定——不立刻卖掉公司，而是推动公司上市。”

尽管在 6 个月以后 PayPal 还是被 eBay 成功收购，不过 eBay 这次的出价几乎是之前出价的两倍——15 亿美元。当时马斯克作为 PayPal 最大的股东，他掌握了公司 11.5% 的股份，在收购完成后马斯克最终拿到了 1.8 亿美元的丰厚回报。

最后的事实向大家证明了马斯克最初的坚持是正确的，尽管当时各种反对的声音几乎将他淹没，他还是顶着压力坚持到了最后。马斯克不像其他人只着眼于眼前的利益，他更能看到未来的发展和价值，即使对方开出了不低的价码，他也没有迷失，凭借自己的经验努力去说服所有人。

马斯克就如同一个不被世俗理解的孤独的艺术家，一个特立独行、超凡脱俗，却又时常陷入世俗误解与孤立无援境地的人。他的智慧与才能远超常人，并非他刻意疏离人群、不愿与人合作，而是他的思维方式常常令常人难以捉摸和追随。在追求创新突破的道路上，马斯克时常面临来自各方面的质疑与挑战，但他从不轻易改变自己的理想和信念。他的坚持并非盲目固执，而是基于对未来趋势的深刻洞察、对技术极限的勇敢挑战以及对人类潜能的无尽探索。他以事实为武器，用行动来证明自己的坚持是正确的。

可见，通过有效的情绪管理，我们可以更好地坚持自己的观点和信念。正如马斯克那样，在面对压力与质疑时，我们需要学会调节自己的情绪，保持冷静理智的头脑，以客观公正的态度去审视自己的观点，并以积极有效的方式去传达和证明其价值。

3. 让前进的脚步适时放慢

情绪管理与放慢前进脚步之间密不可分。通过有效的管理情绪、寻求身心平衡，能够让我们前进的脚步适时放慢，我们可以更好地应对生活中的挑战和压力，更加冷静地分析问题和做出决策。放慢前进的脚步并不是一种消极的逃避，而是一种积极的调整。在快节奏的生活中，适时地放慢脚步意味着给予自己更多的时间和空间去观察、思考和感受，从而更好地理解自己的内心需求和目标。

马斯克的创业历程充满了传奇色彩，而他在 X.com 时期的经历更是为我们提供了宝贵的启示，尤其是其在解决技术安全问题过程中所展现出的适时放慢前进脚步的智慧。

为了迅速扩大用户群，X.com 采取了超前的营销策略，即“病毒营销”。通过向注册用户赠送 20 美元，并向成功推荐朋友注册的用户提供 10 美元奖励，X.com 在短短两个月内就吸引了 10 万用户注册，这一数字与当时最大的网上银行易利达电通银行的用户规模相差无几。然而，在追求快速发展的道路上，技术安全问题如影随形，成为 X.com 前进道路上的巨大阻碍。

马斯克深知，一旦技术安全出现漏洞，不仅会给用户带来巨大的损失，也会对公司的声誉造成不可挽回的打击。因此，当他察觉到 X.com 存在技术安全问题时，果断地按下了快速发展的暂停键，将重心从用户增长转向技术升级与安全强化。他投入大量资源，聘请顶尖的安全专家，对系统进行全面审查与加固，确保用户资金的安全。同时，还推出了新的政策，要求用户在进行跨系统转账时提交已付支票，以进一步降低欺诈风险。这一系列举措虽然短期内影响了 X.com 的用户增长速度和市场份额，但从长远来看，却为公司的可持续发展奠定了坚实基础。

在 X.com 的安全危机中，马斯克没有陷入恐慌等负面情绪，而是通过情绪管理，迅速意识到：在追求速度与规模的同时，绝不能忽视安全与稳定的重要性。此外，这次经历也让马斯克更加深刻地理解了放慢前进脚步的意义。

适时放慢前进脚步并不意味着停滞不前，而是为了更好地积蓄力量，实现更稳健的发展。马斯克在解决 X.com 技术安全问题的过程中，虽然放慢了前进的速度，但他并没有停止创新的步伐。相反，他利用这段时间，深入思考公司的未来发展方向，积极探索新的技术和业务模式。当技术安全问题得到妥善解决后，X.com 以更加稳健的姿态重新踏上了发展的快车道。

在我们的生活中，也常常会遇到需要放慢脚步的时候。这时，我们不要感到焦虑和不安，而应该调整心态，把它看作是一个自我提升和积蓄力量的机会。

我们可以利用这段时间，学习新知识、提升技能、拓宽视野，为未来的发展做好充分的准备。

4. 促进思维转变

情绪状态是我们心理状态的一种反映，它对我们的思维方式和思考质量有着直接的影响。当一个人处于积极情绪状态时，他的思维会变得更加活跃、更加有创造力。这种状态会让人更加敏锐地察觉到周围的环境和机会，从而激发创新思维和问题解决能力。因此，情绪管理有益于促进思维转变、开拓成功之路。

“变则通，通则久。”在现代社会，一个人的思路灵活与否体现在面对变化时的应变能力上，这已成为衡量个人办事能力的重要标准之一。

人的思维具有跳跃性，它并非固定不变或单一线性的模式，而是充满了灵活性与多元性。这一特点体现在我们对待问题和挑战时，能够跳出固定框架，实现创新思维和决策。因此，在实际办事过程中，适时地进行变通，而非僵化地坚持原有计划或看法，往往是一种非常明智且有效的做法。

而在实现这种思维转变的过程中，情绪管理扮演了至关重要的角色。它像一座灯塔，指引我们在面对压力、困惑甚至冲突时保持冷静与理智，避免因情绪波动过大而导致决策失误。通过有效的情绪管理，我们能够更好地看清形势，理性分析利弊，从而做出更加适宜且符合大局的灵活调整。

当我们能够有效地调节自己的情绪时，我们的思维也会变得更加灵活和开放。这种灵活性有助于我们在面对问题时从多个角度进行思考，并找到更好的解决方案。因此，情绪调节是提高思维灵活性的关键。

一个聪明的人，不仅擅长运用已知的知识与技能，更能巧妙地操纵未知的领域。他们懂得在合适的时间点将应做的事情处理得恰到好处，这不仅仅是智慧的彰显，更是人性之美的体现。懂得变通，才能使我们在逆境中变被动为主动，赢得机会，走向成功。

马斯克与好友雷西对火星移民计划投入了大量的精力和热情。他们去了很多地方，见了很多航天领域的专家。比如，他们去了法国，去了帕萨迪纳的喷气推进实验室，还见了 X Prize（X 奖）的获得者。

X Prize 基金会成立于 1995 年，是一个非营利组织，基金会的托管人包括詹姆斯·卡梅隆、拉里·佩奇这样的知名人士。X Prize 的宗旨是通过激烈的竞争去为全人类的利益带来突破性的进展。X Prize 设立了 100 万美元的奖项，颁发给最先完成基金会所列目标的人。其中要数 2004 年的获奖者最为出名，一个年轻人带领着自己的团队在短短两周时间内就两次完成了建造一艘能够承载三人的“太空船 1 号”宇宙飞船，并且成功将它们发射到了一百公里的高空的任务。

这次事情引起了极大的轰动，它打破了大型国家太空项目的限制。雷西评价这个个人团队的成功预示了个人航天时代的到来。

2001 年，马斯克和雷西开始着手购买火箭，也就是航天业内所说的“发射装置”。航天工程师吉姆·坎特雷尔安排了他们和第一家商业火箭公司——阿利安太空公司见面商议火箭购买的事宜，经过数轮商议，最终因为阿利安太空公司的火箭报价太过昂贵，马斯克不得不考虑通过其他渠道来购买火箭。他们从阿利安太空公司打听到俄罗斯在出售改装后的洲际弹道导弹，每枚售价在 700 万美元，马斯克和雷西迫不及待地前往俄罗斯，原计划他们打算购买 3 枚火箭。后因价格问题，没有达成。

马斯克在回伦敦的飞机上，回过头来对后排的坎特雷尔说:“既然已经这样，为何我们不自己造火箭？”

同行的雷西和坎特雷尔，对于他的“白日梦”表现出前所未有的震惊。他们听闻了太多类似的故事，那些雄心勃勃的有钱人，都曾信誓旦旦地宣称自己将要征服太空，立志在宇宙探索与开发上留下深刻的印记。最终只落得个竹篮打水一场空的境地。

马斯克将笔记本电脑递给雷西与坎特雷尔，两人眼中闪过一抹震惊。屏幕上，细致的表格详尽地展示了建造、装配及发射一枚火箭所需耗费的成本。马斯克深思熟虑，旨在打造一枚恰到好处的火箭，精准满足搭载小型卫星与研究设备的细分市场之需，如此便可在发射费用上实现可观的节省。他更是在表格中细致地列出了假设的火箭性能特性，每一个细节都展现了他的深思熟虑与严谨态度。

马斯克期初期寄希望于购买火箭进行发射，当一切进行得并不那么顺利的时候，他并没有执着于继续按照原来的计划做下去，而是有效管理情绪，转变思维方式，变通地解决问题。马斯克在执着与变通中，变的是方式、是方法、是看待问题的角度，而不变的是信念、是追求。

三、在压力中成长

1. 从情绪中走出来

当我们身处逆境，被不好的情绪深深困扰时，压力往往会如影随形，成为我们人生道路上一块难以逾越的绊脚石。这种压力源于我们对不公待遇、遗憾经历或者伤害行为的无法释怀，它沉重地压在心头，消耗我们的精神能量，使我们无法轻松前行，更阻碍了我们的成长和进步。为了将这种负面情绪转化为积极行动的动力，我们需要学会从情绪中解脱出来，不应把时间浪费在长久的不良情绪中。

马斯克在担任 PayPal 首席执行官的十个月里，他在公司管理中体现了强烈的个性和独特的个人视角，还有极其强硬的作风。从数据分析来看，马斯克为帮助 X.com 和康菲尼迪合并所做的工作非常出色，但是他强硬的个人风格引起了一些摩擦，这也是不可否认的事实。尽管他时常面带微笑，不时还会大笑起来，但他真的不是一个健谈的人。他经常在和别人对话时迷失在思索中，这可能会长达半个小时或者更长的时间，甚至这种情况在打电话的时候也会出现。

康菲尼迪创始人之一的列夫琴评价马斯克：“毫无疑问他是一个超乎寻常聪明的人，但为他工作真的不容易，他在会议室一个人能抵得上会议室所有的人。”不只是列夫琴一个人觉得和马斯克共事很困难，康菲尼迪的另外一位创始人彼得·泰尔也逐渐对马斯克事无巨细、面面俱到的管理方法感到沮丧。同时，有关技术与公司品牌的分歧也在不断地滋生。

马斯克打算在技术上进行一次革新，把PayPal的操作系统从原来的Unix换成微软Windows系统，然后再基于微软平台进行开发，但是列夫琴和他的团队都是Unix系统的狂热爱好者和支持者。于是列夫琴和彼得·泰尔暗中策划了一场“政变”。

2000的秋天，马斯克前往澳大利亚度假，这是他多年来的第一次假期。就在这个时间里，董事会通过投票解除了马斯克首席执行官的职务，彼得·泰尔重新成为PayPal的CEO。

当马斯克回到公司时，一切都变了，这次事件给他带来了一定的伤害。不过他并没有被这件事困扰，很快和他们言归于好。马斯克说：“生命原本就很短暂，我不应该把时间浪费在长久的怨恨中。”尽管马斯克不再担任首席执行官，但他仍然是公司最大的股东。

马斯克说：“彼得、麦克斯和我在思路上有着很大的分歧。彼得的想法总是十分怪异。站在投资的角度看，他是一个特立独行的人，他能想出很多奇特的事。我对那些事没有丝毫的兴趣。和他相比我再普通不过。”彼得·泰尔领导时期的PayPal的文化是逆主流的。比如他曾经给一个生命研究组织“玛士撒拉基金会”捐赠了3500万美元，而这个组织相信人类的寿命可以达到1000岁……更荒唐的是，在PayPal早期，他甚至讨论过把低温冷冻作为员工的一项福利。

情绪，作为人类内心的一种直观表达，常常与我们的成败息息相关。在追求成功的道路上，我们不仅要面对外在的竞争压力，如才能的较量、资源的争夺以及与时间赛跑等硬实力挑战，更要应对内在情绪管理的考验。竞争不仅是一场才华与毅力的比拼，更是一场情绪调控能力的较量。面对争议与压力带来的焦虑、沮丧等消极情绪，我们不能沉溺其中，而是要学会抽离出来，审视自己的情绪状态，并进行积极的管理和调整。只有这样，我们才能在风雨中保持冷静和理性，以更加成熟稳重的姿态去应对生活中的种种挑战。

2. 唯有坚持才能成功

对待逆境，曾国藩的看法是，应该承认现实，保存自己，不做以卵击石式的无谓牺牲。小人不按常理出牌，喜欢背地里出阴招，耿直之人若过于坦诚，必遭其所害。面对小人，君子要善于保护自己。

但是，如果一味顺从，人就会成为逆境的奴隶，也就不能改善自己的生存环境，更谈不上有所作为了。曾国藩认为，人必须具备坚忍卓绝的意识、不屈的性格，才能成就大业；受挫折、经患难，德业才能长进。“吃一堑，长一智”，受辱之时更需如此。

困境，这一人生旅途中的常态，如同一面独特的镜子，赋予了我们不同以往的观察视觉，从而教授我们独特且深入地认识问题的智慧。在这个千变万化的世界里，学会在困境中坚持，无疑是一种卓越的人生智慧。那些能够驾驭困境的人方为真正的强者，因为他们在逆境中不屈不挠，选择勇敢面对。而急于摆脱困境、轻易妥协或投降，往往会使我们失去更为珍贵的东西。困境，它无处不在、无时不有，正是这些挑战与磨砺，让我们的人生更加丰富多彩。

马斯克先后多次创业，虽然最终都大获全胜，但是他的成功也同样不是一蹴而就的。

2024 年 3 月 14 日，SpaceX 公司研发的重型运载火箭“星舟”进行了第三次试飞。发射过程中，“星舟”经历了点火升空、进入轨道、一二级热分离等多个阶段。尽管在着陆阶段出现了姿态失稳等问题，但整个发射过程仍然展现出了 SpaceX 公司在太空技术领域的实力。

作为 SpaceX 公司的创始人和领导者，马斯克的坚持与信念是推动整个项目的核心动力。他对太空探索的热情和对人类未来的憧憬感染了整个团队和全球观众。即使在面临困难和挫折时，他也从未放弃过自己的梦想和目标。这种逆境中的坚持让人们对“星舟”的未来充满了期待。

坚持一件事其实是非常难的，特别是马斯克的每一次尝试都是一次全新挑战，在这条挑战的道路上犹如在黑暗中的地雷区，每一脚踩错都可能击垮 SpaceX 这家公司，但是马斯克在最难的时期，却依然没有丝毫放弃的意思。

在观看了关于马斯克的各类传记和访谈后，我们可以洞察到他那不平凡的人生轨迹背后，其实蕴含着一种从平凡到非凡的力量。这种力量并不是一朝一夕能够形成的，而更多地源自他对梦想的执着追求、对创新的狂热投入以及面对困难时坚韧不拔的决心。

就做出可回收火箭这件事，马斯克前后经历了 16 年。长达 16 年从想象到实现的过程，马斯克经历过项目无人如此想过、更无人成功做过的孤单独行；遭遇过账上没钱、几乎破产的经济危机；遭遇过夫妻离婚、员工离职的窘迫；还有无数次尝试失败，自己还在坚持而身边的人已经放弃，甚至自己敬重的前辈也予以打击时的痛心。然而，马斯克始终坚持初衷，永不放弃。鼓励着自己，继而鼓励着员工、投资人、合作伙伴，最终创造了奇迹。马斯克实现火箭回收的具体过程如表 4-2 所示。

马斯克提出的想法、做出的决定，或许看似荒诞无比、无法让人理解，但只要给他足够的时间，他一定能用事实证明他是对的。就像他说的那样：“唯有坚持才能证明自己是正确的！”

俄罗斯伟大的天才诗人普希金说过：“大石拦路，勇者视为进步的阶梯，弱者视为前行的障碍。”创业者所遇到的困难和挫折，是他们人生旅途中的宝贵财富。每个人都会有失败、犯错的时候，这是迈向成功的必经之路。

每个人都会犯错，没有谁能够保证自己所做的每一件事都百分之百正确。正如著名作家雨果在《悲惨世界》中说道：“尽可能少犯错误，这是人的准则；不犯错，那是天使的梦想。尘世上的一切都是避免不了错误的，错误犹如一种地心引力。”

表 4-2 马斯克实现火箭回收的过程

时间	结果
2002 年 6 月	马斯克建立 SpaceX 公司
2006 年、2007 年、2008 年	“猎鹰 1 号”火箭，发射三次，都失败了
2008 年 9 月 28 日	“猎鹰 1 号”火箭，第四次发射。成功地进入预设轨道
2010 年 6 月 4 日	“猎鹰 9 号”运载火箭成功将“龙飞船”的模型送入预定轨道
2014 年 4 月	SpaceX 公司成功地实现了历史上第一次火箭软着陆
2015 年 1 月至 5 月	“猎鹰 9 号”于 2015 年 1 月 10 日、2 月 11 日、3 月 2 日、4 月 14 日、4 月 27 日进行了五次尝试，全部失败了
2015 年 6 月 28 日	“猎鹰 9 号”火箭在执行国际空间站货物补给任务时发生爆炸
2015 年 12 月 18 日	“猎鹰 9 号”火箭发射一级火箭成功回收
2018 年 2 月 7 日	SpaceX 公司的“猎鹰重型”运载火箭在美国肯尼迪航天中心首次成功发射，并成功完成两枚一级助推火箭的完整回收

失败是不可避免的，主要的区别在于人们面对失败的态度。成功并非偶然，而是源于面对挫折时选择了一种坚韧不拔的应对策略。很多人在遭遇失败后，往往沉溺于挫折感中，未能深刻反思并从中提炼出宝贵的经验教训，从而限制了自己的成长和进步。马斯克一路走来，挫折不断，但是，也因为他坚持走下去，不断地在这些挫折中学习、成长，他才能一次又一次地从困境中崛起，成了今天的“钢铁侠”。

3. 保持乐观态度

乐观主义是一种强大的内在动力，它不仅鼓励我们勇敢面对生活的各种挑战，还让我们在与人交往时培养出信任感。当我们带着乐观的心态迎接新的一天时，不只是为自己照亮前进的路，也给周围的人留下了正面和上进的影响，他们在你身上看到的是充满希望和不懈努力的形象，看到的是一个可靠和值得依赖的同伴。与此相对，悲观的人则像是筑起了一堵透明的墙，把自己与外界隔离开来。这种人对自身能力感到不确定、缺乏自信，这样的消极心态也会间接地影响他们与他人的关系。如果一个人连自己都无法信任，又如何能让别人对他产生信心呢？

成功的人往往是乐观的人。乐观就是在任何情况下，都要让自己坚持去做，并坚信未来的结果肯定是美好的。其实乐观者与悲观者的差别，在他们面对困难时尤为显著：乐观者不畏缩、不逃避，他们选择坚持，并且始终保持对未来的信心。这是因为他们深知，每一次的挫折都只是成长的一部分，每一次的困难都是锻炼意志的机会。因此，他们在行动上往往比悲观者更加果断，更加勇敢，也愿意去尝试更多新的东西。乐观者的这种积极态度，使得他们在人生道路上做了更多的事情，积累了更多的经验，也自然能够比悲观者得到更多成功的机会。

很多成功者之所以能够达到今日的成就，往往是因为他们在面对重重挫折和失败时，从未放弃，总是持续努力，直至成功。乐观主义者之所以与众不同，在于他们处理问题时的正面态度和独到的视角，他们用一种积极向上的方式来应对挑战。这种心态使他们即便在逆境中也能保持平和和希望，能够在挫败中发现新的可能性，从而释放出强大的潜能，克服困难。正如谚语所说：“乐观者于一个灾难中看到一个希望，悲观者于一个希望中看到一个灾难。”乐观的人，他们的人格魅力犹如磁石般吸引着周围的每一个人。正是这份独特的人格魅力，使得乐观者在生活中拥有更多的朋友，并能获得更多事业成功的机会。

面对“星舟”的第三次发射失败，马斯克展现出他一贯的乐观与坚韧。尽管这次发射过程中出现了严重的技术性问题，使得火箭在穿越大气层这一关键阶段与地面控制中心失去联系，并最终未能按计划精准抵达预定轨道，但马斯克依然从失败中寻觅到了积极的成果。他认为这次的发射试验实际上在技术研发和验证层面取得了重大突破。

与前两次发射相比，这次“星舟”成功飞入了太空，并在飞行过程中完成了大部分预设任务，包括在极端热量下进行结构分离、在太空中重新点燃猛禽发动机、演示推进剂的转移，并成功执行了舱内有效载荷的开启与关闭操作。

尽管在最终着陆前的点火操作中遇到故障，导致飞船与地面失去联系，马斯克还是认为这次发射积累了大量重要的数据，揭示了当前技术的不足之处及未来的改进方向。此次试验的结果显然对进一步的技术改良与发展具有重要的参考价值。

对于 SpaceX 公司正在研发的“星舟”火箭的发展前景，马斯克仍然抱有极大的信心和热切的期待。他坚信，只要持续进行创新性的尝试和学习进化，SpaceX 团队一定能够攻克所有技术难关，最终实现“星舟”火箭的成功发射以及可重复使用技术的突破。他曾在社交媒体上多次表达对团队辛勤付出和所取得成就的赞赏，并明确指出每一次的进步都是人类在太空探索领域内很重要的一步。“星舟”的三次试飞结果如表 4-3 所示。

表 4-3　新一代重型运载火箭“星舟”的三次试飞结果

时间	试飞次数	结果
2023 年 4 月 20 日	第一次	在发射升空 3 分钟后，于墨西哥湾上空发生非计划内的解体，在半空中爆炸，航天器未能成功进入预定轨道
2023 年 11 月 18 日	第二次	火箭升空后一二级成功分离，但随后助推器和飞船先后发生爆炸。SpaceX 公司官宣火箭发射失败
2024 年 3 月 14 日	第三次	在得克萨斯州第三次试验发射，在重新穿越大气层时失联

这不禁让人想起，“猎鹰 1 号”火箭团队在面对重重困难和无数次失败时，始终保持着坚韧不拔的精神和乐观向上的态度。这个由马斯克领导的创新团队，在历经无数次挫折和考验后，始终坚持自己的梦想，不断改进、不断尝试，终于在 2008 年 9 月 28 日迎来了历史性的时刻——“猎鹰 1 号”火箭成功发射。这是第一枚由私人航天公司研发的液态轨道火箭。而这一切的成就，都离不开马斯克这个领头羊在面对失败时的乐观态度。

2006 年 3 月 24 日，“猎鹰 1 号”发射后约 25 秒，“灰背隼”引擎出现火苗，火箭开始旋转，最终失控掉落。大部分残骸落入暗礁中，卫星设备砸毁 SpaceX 公司车间屋顶，但卫星完好。工程师们潜入水中搜寻残骸。马斯克在分析报告中提到，成功发射火箭的公司也经历过失败，也是一路捡着残骸挺过来的，如“飞马座”火箭发射9次成功5次，“阿丽亚娜”火箭发射5次成功3次。他认为，坚持制造火箭的人是太空发射事业的中流砥柱。同时，他乐观地认为，只要不断解决已经发现问题，经过一定次数的失败后，终将取得成功。

一年后，SpaceX公司准备再次发射火箭。2007年3月15日，试点火成功。3月21日，“猎鹰1号”升空，工程师报告系统正常。3分钟后，火箭第一级解体，开始掉落，“茶隼”引擎启动，准备将第二级送入轨道。控制室欢呼。到了第4分钟的关口，火箭上方的整流罩也按原计划张开了。所有人都相信火箭最终会进入轨道，但意外还是发生了，火箭突然出现摆动，随后设备失控、解体，最终爆炸。故障原因是推进燃料被消耗，燃料罐里余下的燃料旋转搅动，引起火箭摆动，摆动导致引擎开口暴露，大量空气进入引擎燃烧。

SpaceX公司的工程师们再次承受了沉重的打击，这一次的失败如同凛冽的寒风，刺入骨髓。有的团队成员甚至已经在加州、夏威夷与夸贾林环礁之间穿梭了近两年。等到SpaceX公司能进行下一次发射时，距离马斯克最初定下目标的时间已经过去了四年。马斯克早期在互联网产业积累的财富也快要花光，他曾经信誓旦旦地告诉世界，他不成功决不罢休，但是公司内部的人都很清楚，SpaceX公司剩下的资金最多只能进行一到两次发射。

在财务的压力下，马斯克的心情愈发焦灼，然而他总能及时调节情绪，以乐观的面貌出现在员工面前。工程师斯派克斯对此赞赏有加：“马斯克对待资金问题的态度让人安心，他总是向我们强调精益求精与追求成功的重要性。更重要的是，他从不轻言放弃，即便面临困境，依然保持乐观的态度。”这种乐观精神不仅是一种情绪管理，更是一种对未来的信心和对挑战的拥抱。在马斯克的领导下，员工们不仅仅能够感受到工作的压力和挑战，更能体验到成长和成功的喜悦。

第五章

CHAPTER FIVE

理想主义的创业方式

——颠覆式创新

创新理论由著名经济学家约瑟夫·熊彼特在其著作《经济发展理论》中提出。而颠覆式创新是对熊彼特创新理论的一种实践和应用，并被认为是推动经济社会进步和产业变革的核心驱动力之一。这种创新模式旨在颠覆传统的行业格局，挑战既有的市场规则，通过打破常规、创新技术或服务模式，创造出全新的价值，从而实现产业的转型升级。

马斯克作为颠覆式创新的代表人物，在多个创业项目中展现出了无畏挑战、引领潮流的“狂人心态”。马斯克在支付方式上引入了加密货币概念，推动了金融科技的快速发展；在汽车行业，他提出了“电动汽车+人工智能+共享出行”的新模式，彻底改变了人们对交通出行的传统认知；在航天领域，他的SpaceX公司致力于研发可重复使用的火箭技术，极大地降低了太空探索的成本，为人类长期太空居住和深空探测铺设了道路。

作为支付方式、汽车、航天等多个领域的颠覆式创新者，马斯克用“狂人心态”告诉企业家们，在进行颠覆式创新时需要把握潮流、引领需求、打破惯性思维、成为多个领域的专家。

一、颠覆式创新

颠覆式创新是指在传统创新、破坏式创新和微创新的基础之上，通过创新的方式让原有的模式完全蜕变为一种全新的模式和全新的价值链，这种创新方式具有由量变导致质变的特点，即通过逐步改变和优化，最终实现颠覆性的突破。颠覆式创新不仅是对传统模式的颠覆，更是对未来趋势的引领，它能够推动企业、行业乃至整个社会经济的变革与发展。

颠覆式创新是一种极具破坏性与重构性的创新模式，其核心精神在于挑战既有行业规范、颠覆既有市场秩序，通过颠覆式创新手段彻底改变行业的运作模式和市场的供需结构。这种创新方式并不局限于某一单一领域，而是涵盖了技术创新、商业模式创新、组织创新等多个维度。具体如表 5-1 所示。

表 5-1　颠覆式创新的不同维度

维度	作用 / 目的
技术创新	是颠覆式创新的基石，企业需具备敏锐的技术洞察能力和研发实力，能够捕捉到行业发展的前沿趋势，并率先实现关键技术的突破与应用
商业模式创新	是颠覆式创新的关键环节，旨在打破传统的商业模式桎梏，构建出更为高效、独特的盈利模式和价值链体系，使得企业在竞争中脱颖而出
组织创新	是颠覆式创新的重要保障，它要求企业在内部管理、企业文化等方面实现革新，培养出一支具备创新思维和执行力的团队，以适应和推动颠覆式创新进程

对于企业而言，颠覆式创新是一种极具竞争力的战略手段和转型契机，能够帮助企业在激烈的市场竞争中赢得长久的生存与发展。颠覆式创新推动企业打破原有的市场格局，通过推出更具颠覆性和竞争力的产品和服务，引领市场需求的变化，将原本的市场格局颠倒重构，抢占先机，跻身市场领导者地位。如果从用户需求出发，对产业价值链进行垂直整合或水平重构，就能以更高效、更低成本的方式提供优质产品和服务，从而更好地满足客户需求，赢得市场份额。通过这一过程，企业可以打破原有的发展瓶颈，实现从“跟跑”到“并跑”再到“领跑”的跨越，确保企业在瞬息万变的市场竞争中屹立不倒，保持健康且高速增长的状态。因此，企业要想实现颠覆式创新，就必须具备敏锐的

市场洞察能力和强大的创新能力。然而，颠覆式创新也面临着巨大的风险和挑战。具体如表 5-2 所示。

表 5-2 颠覆式创新面临的风险和挑战

风险 / 挑战	具体表述
缺乏预见性和变革精神	颠覆式创新要求企业拥有卓越的创新能力和市场洞察力，能够深入洞察行业趋势，预见并挖掘出潜在的市场需求，以及勇敢探索前所未有的技术和商业模式。这种预见性和变革精神是推动颠覆式创新的核心驱动力，但却是许多企业所欠缺的
投入大、周期长，却不一定有回报	颠覆式创新通常需要巨大的资源投入和长时间的研究开发，从技术研发到产品落地，再到市场推广，每一个阶段都需要大量的资金、人力和物力支持。然而，这种长期且大量的投入并不总是能带来预期的回报。有时候，新技术或新模式可能因为种种原因未能如期取得市场突破，或者投资回报率未能覆盖成本，这会让企业面临严重的财务压力甚至生存危机
既得利益者的阻碍	颠覆式创新容易打破现有市场格局，引发既有市场主导者的警惕与反击。这种时候，企业需要具备应对保守势力抵抗的策略和勇气。这包括但不限于重新定义行业规则、改变消费者习惯、有效整合内外部资源，以坚定而稳健的步伐推进颠覆式创新的落地实施

二、颠覆式创新的战略思维

马斯克的产业布局，犹如一幅宏伟的蓝图，遵循了跨界整合、构建良性循环系统的战略思想。在太阳城公司（Solar City）的怀抱中，光伏发电为特斯拉的电动汽车提供了源源不断的充电服务。太阳的恩赐与电动汽车的灵动，共同谱写着新能源拯救地球的壮丽篇章。

然而，马斯克并未止步于此。面对未知的挑战，他早有准备。在战略蓝图中，SpaceX 公司成为确保文明延续的“备份计划”。如果地球的生存环境出现不可恢复的破坏，人类将依靠 SpaceX 公司的技术前往火星寻找新的居住地点，开启一段跨星际的生存之旅。

展望未来，这一良性循环系统将激发出无限的可能性。“星链”将连接地球与火星，让人类的智慧与梦想穿越时空的阻隔。离子电火箭将成为探索宇宙的利器，助力人类揭开宇宙的神秘面纱。在这幅壮丽的产业蓝图中，我们见证了马斯克对未来世界的深思熟虑与无限憧憬。

2016 年特斯拉汽车和太阳城公司合并，随后又发布了太阳能屋顶，特斯拉已经不再是一个单纯的汽车公司，它现在已经是集合了电动汽车、家庭壁挂式蓄电池（Power wall）以及太阳能屋顶等产品的多元化公司。一个以家庭为单位的分布式可再生能源系统已经形成了。

特斯拉官网上，清洁能源的一站式解决方案令人瞩目：太阳能屋顶、太阳能电池板、家用电池、商用电池，每个环节珠联璧合，构筑起能源的全生态链，让能源的采集、转化、存储与应用融为一体。其目标是助力家庭、企业与公共事业等领域，实现清洁、可靠且经济的能源供给。

与传统燃油汽车依赖汽油一样，电动汽车依靠电池提供电力。然而，与现在随处可见的加油站相比，电动汽车充电站的数量可谓少之又少。目前电动汽车配套的基础设施还不完善，这也是许多消费者还不愿意选择电动汽车的原因。早在开发电动汽车之初，马斯克就为电动汽车的充电问题想好了解决方案。马斯克认为，只要交通网络中的充电设施得到完善，电源对电动汽车的制约就不复存在，就好比加油站的普及一样，电动汽车也会像传统汽车那样畅行无阻。

马斯克为特斯拉用户提供了一个很好的解决方案：在未来几年里，特斯拉将成倍增加超级充电站的数量，建立覆盖全美高速公路的超级充电网络。

建立覆盖全国的电动汽车充电系统，这听起来是政府也有些望而生畏的巨大挑战。美国电力科学研究院电源输送负责人曾表示，为电动汽车建立充电站网络耗资巨大，需要投入上千亿美元。马斯克无法等待政府来完成电动汽车基础设施建设，他再一次勇敢地走在了时代发展的前面。

在制造纯电动汽车方面，马斯克已经领先行业，为电动汽车开辟了一片市场。然而，建设电动汽车充电网络无疑意义更大。马斯克建设超级充电站不仅能为特斯拉用户消除开车远行的后顾之忧，同时还能为其他电动汽车用户提供充电服务。这样一来，率先建立区域性甚至全国性电动汽车充电网络的特斯拉很可能成为电动汽车充电业务的标杆，在这个行业拥有绝对的话语权。

此外，还可以直接预见的是，电动汽车用户在充电站消磨时间的时候，马斯克还将通过开设便利店、餐饮服务等设施实现盈利。

《福布斯》杂志的专栏作者认为，特斯拉充电站会带来厕所、餐饮、游戏厅、健身房、小型购物中心等配套设施的发展，特斯拉充电站还可以为其他品牌的电动汽车提供充电服务。随着电动汽车数量的增加，超级充电站将创造大量收入。他评价道："这意味着埃隆·马斯克正在进行令人羡慕的垂直整合，他将有机会控制整个电动汽车的生态系统。"

特斯拉如今已构建起一个完善的充电生态系统，涵盖了超级充电网络和目的地充电网络两大核心组成部分。超级充电网络以其高效的快充能力成为特斯拉用户长途行驶的得力助手，让他们在旅途中也能迅速恢复车辆能量，畅享无忧驾驶。而目的地充电网络则巧妙地将充电设施融入旅馆、餐厅、景点等行车目的地，为用户提供分散而便捷的电能补给，同样在特斯拉电动汽车基础设施中占据举足轻重的地位。

截至 2024 年 1 月，特斯拉已在全球部署了 5.5 万个超级充电桩，运营着一个目前世界上规模最大的全球快速充电网络。

截至 2024 年 3 月，特斯拉在中国大陆布局超级充电站 1900 多座，覆盖了中国大陆地区所有省会城市和直辖市。

新能源汽车无疑是未来汽车行业的璀璨明星，而纯电动汽车更是各大车企竞相追逐的焦点。特斯拉，作为纯电动汽车领域的翘楚，深谙价值闭环之道，将视野拓宽至整个价值链，涵盖产品设计、生产、销售、使用乃至回收的每一环节。

从马斯克的产业布局，我们可以清晰地洞察到他构建产业生态圈、驱动各产业之间形成良性互动与联动发展的战略意图。这种布局并非孤立割裂的，而是呈现出一种深度融合、资源共享、优势互补的生态系统模式。其作用如表 5-3 所示。

表 5-3　马斯克产业布局的作用

作用	具体表述
构建立体化产业链	在生态圈内，各产业环节紧密相连、相互依托，共同构建一个涵盖科技创新、产品研发、市场应用等多个维度的立体化产业链。这种布局不仅有助于充分发挥各产业间的协同效应，实现资源的最优化配置和高效利用，更能确保企业在快速变化的市场环境中保持竞争优势，提升整体竞争实力
打造持续创新的商业帝国	通过搭建各产业之间的“桥梁”，成功打造一个能够不断自我更新、持续产生创新动力的商业帝国。每个产业不仅在独立领域内精耕细作，更在相互交织中激发出新的活力与价值，从而实现“1+1 > 2”的效果，让企业的整体价值得到最大程度的挖掘与释放
构筑商业壁垒	这种产业布局方式有助于构筑更高的商业壁垒，保护企业免受外部竞争压力的冲击。通过建立复杂且紧密的产业链条，企业在原材料采购、生产制造、物流配送、市场营销等多个环节形成一体化优势，有效降低外部市场波动带来的风险，进一步增强企业的市场地位和盈利能力

我们再来看看，中国的企业家如何运用颠覆式创新战略思维构建产业生态链。

小米以智能手机起家，凭借其独特的互联网思维和科技创新力，如今已经发展为一家拥有多元化生态链的科技巨头。小米的生态链战略不仅覆盖了智能硬件、生活消费、互联网服务等多个领域，更在智能家居、智能出行、人工智能等领域取得了显著进展（表 5-4）。总的来说，小米不仅建设了覆盖多个领域的生态链，而且通过持续创新、高效运营和全球化布局，不断推动整个生态链的发展。未来，我们有理由相信，小米将继续在更多领域取得更加辉煌的成就。

表 5-4 小米生态链战略覆盖的领域

领域	成绩
智能硬件	是小米生态链的核心。从最初的智能手机，到如今的智能手表、智能耳机等，小米在智能硬件领域推出了众多受欢迎的产品
生活消费	小米推出了一系列生活用品，如电动牙刷、电饭煲、空气净化器等。这些产品同样继承了小米的高性价比特性，深受消费者欢迎
互联网服务	小米通过其手机、电视等设备，向用户提供丰富的互联网服务，如应用商店、云服务、音乐、视频等。这些服务不仅增加了用户的黏性，也成为小米稳定的收入来源
智能家居	是小米生态链的重要一环。小米推出了众多智能家居设备，如智能灯泡、智能插座、智能摄像头等，并通过其智能家居平台将这些设备连接起来，为用户提供更加便捷、智能的家居体验
智能出行	小米推出了电动自行车、电动滑板车等出行工具。小米最新发布的智能电动汽车 SU7，智能驾驶是其一大亮点。SU7 配备了“Xiaomi Pilot”——小米全栈自研的全场景智能辅助驾驶系统，搭载以下几种技术：自适应变焦 BEV 技术，支持动态调节感知范围；超分辨率占用网络技术，异形障碍物识别精度小于 0.1 米；端到端感知决策大模型，依靠大模型，能够更拟人化地实时观察、动态调整；道路大模型，支持实时生成道路拓扑，能够实时应对道路变化，生成行驶引导线
人工智能	是小米生态链的重要战略方向。小米在语音识别、图像识别、自然语言处理等领域进行了深入研究，并通过 AI 技术提升其产品的智能化水平，为用户提供更加智能、便捷的服务

三、实现颠覆式创新的途径

1. 把握潮流、引领需求

需求来源于生活。共享单车公司无疑就是看到消费者在出行中的痛点，解决了“最后一公里”的问题，从而发展出了现在的“共享经济”。

国内道路规划和公共交通设施不完善等原因，导致公共交通有时不能到达指定目的地，而这“最后一公里”一直都是消费者的痛点。共享单车的出现，让这“最后一公里”变得不再遥远、不再痛苦，极大地缩短了出行时间，提高了出行效率。在公共交通还不能尽善尽美的今天，共享单车将互联网技术与自行车出行相结合，提供了一种新型、便捷、环保的城市出行解决方案。

那么究竟该如何挖掘用户的真实需求？因为不是每一个用户需求对于企业来说都有满足的价值，这时候就需要企业去深度挖掘存在于用户中的真实需求，这些需求才是企业应当着力挖掘和满足的核心需求。因此，深度挖掘并准确把握用户的真实需求，对于企业来说具有至关重要的意义。这不仅有助于企业优化产品和服务，确保其更贴近市场需求，提高用户体验满意度，更能为企业带来长远的效益。

通用公司第一代电动车 EV1 的失败，证实了把握潮流、引领需求的必要性。EV1 于 1996 年被正式推出，是由通用公司花 5 年时间开发出来的。然而由于成本高、行驶里程短，EV1 并没有打开市场，最终通用公司宣布停止生产 EV1，并且回收所有的 EV1。尽管通用公司成功研发出了技术领先的电动汽车，但在市场推广和战略规划上却未能准确把握住消费者的实际需求和接受程度。当时的市场对于新能源汽车的认知和接纳度尚处于起步阶段，消费者对于电动汽车的续航能力、充电设施的完善性、电池性能及价格等各方面还存在疑虑。加上市场竞争激烈，其他汽车品牌在新能源汽车领域的后来居上，使得 EV1 的优势变得不再明显。

然而整个回收计划进行得很不顺利，一些 EV1 的“发烧车主”试图抵制通用的回收计划。他们喜欢这款电动汽车，它行驶噪声小，虽然在行驶里程上与传统的燃油汽车相差甚远，但是它不需要加油，满足一般的城市代步完全没有问题。热情的 EV1 车主还自发成立了车友会，他们是发自内心地喜欢这款电动汽车。

马斯克目睹了通用 EV1 的失败，但他仍然看好电动汽车的未来。在他看来，EV1 是一个悲伤的故事，用户自发为制造商销毁的产品哀悼，这说明电动汽车很大程度上迎合了这些用户的需求，电动汽车给用户带来的体验已经让他们对电动汽车产生了一定的依赖。由此可见，即便是最前沿的技术创新，也需要与精妙的市场策略和敏锐的前瞻眼光相辅相成，才能成功引领市场需求，确保产品的市场竞争力与商业成功。

硅谷知名的工程师兼创业家马丁·埃伯哈德在观察市场动态时，发现了一个有趣的现象：在许多场合下，混合动力汽车丰田普锐斯并非单独停放，而是与保时捷、法拉利等高端豪华跑车一同出现在私家车库中。埃伯哈德敏锐地捕捉到这一现象，并以此为切入点，深入分析了消费者的购车动机。

如果单纯从经济角度出发，考虑燃油成本和后期使用费用，那么普锐斯由于其混合动力技术相较于传统燃油车更能显著降低这些开支，理应与注重性价比的家庭用车或者商务用车更为般配。然而，实际情况却并非如此，这表明消费者的购车决策并非仅仅基于理性计算后的实用主义考量。

马丁·埃伯哈德进一步指出，这种现象反映出消费者对于环保问题的态度和价值观。越来越多的消费者开始把普锐斯作为彰显自己环保理念和生活方式的一种象征，他们购买普锐斯不仅仅是为了节省燃油开支，更是作为一种生活态度和身份认同的体现。这种变化揭示了公众对环境保护问题的关注度提升，以及汽车行业向绿色、低碳转型的社会趋势。

随着环保意识的增强和对新能源关注度的持续上升，用户对电动汽车的兴趣也逐渐增加。相较于传统的燃油汽车，电动汽车显然更加符合当前对环境保护和能源利用的需求。在此背景下，马斯克准确把握了市场动向和消费者需求的变化，发现了一次绝佳的市场机遇。他认识到，只要能够推出一款在设计和性能上都具备优势的电动汽车，便能够吸引广泛关注并获得市场认可。基于这样的市场洞察，特斯拉公司应时而生，专注于研发并提供既技术先进又品质卓越的电动汽车，以满足日益增长的消费者需求。

在特斯拉出现之前，电动汽车给人的印象并不尽如人意。技术上的局限、续航能力的不足以及充电设施的不完善，让电动汽车的市场始终难有突破。它们犹如高尔夫球场上的电动摆渡车，虽然环保且低碳，但在性能和驾驶体验上难以媲美燃油车，导致很多人一提到电动汽车，就会联想到这些略显简陋且动力不足的车型。然而，特斯拉的出现彻底改变了这一局面，特斯拉以其颠覆性的设计和强大的性能，将电动汽车带到了一个全新的高度。特斯拉电动汽车不仅在续航能力上有了质的飞跃，更在驾驶体验、科技感和外观设计上达到了新的水平。它的出现，让人们开始重新审视并接受电动汽车。

特斯拉的首款杰作——Roadster，其设计灵感来源于著名的跑车 Lotus Elise（路特斯爱丽丝），将豪华电动敞篷跑车应具备的要素完美融合。这款车的售价定在 9 万美元，显露出它的独特定位——为追求极致生活品质和速度感受的高端人士设计。他们不仅看重车辆的性能品质，更注重其独特的设计风格和内涵。

马斯克将第一款产品的受众定位在社会精英阶层，他明白这种作为新事物又价格不菲的超级电动汽车，只有高收入的精英阶层才有能力消费，喜欢尝鲜也是这个阶层普遍具有的特质，而且凭借这些人的影响力特斯拉的名声将很快在社会上扩散，最终被定义为身份和地位的象征。这就好比最近这几年非常火的小罐茶，央视上铺天盖地的高格调的广告，所有线下专柜都开在五星级酒店或者奢侈品店旁，这在无形之中就会给大家一种感觉：小罐茶也和这些奢侈品一样高端、有品位。

特斯拉初期采取的产品策略是量少价高，使其资金能够迅速回笼，为公司的持续发展提供了坚实的经济基础。这一策略不仅体现了特斯拉对高质量和高性能产品的承诺，同时也显示了其对市场潜在需求的精准理解。随着公司的核心技术逐渐完善及生产能力的日益加强，特斯拉逐步推行了产品普及化策略，使得更多消费者能够负担得起电动汽车。通过大规模生产和流程优化，特斯拉成功降低了生产成本并提高了效率，使电动汽车的广泛普及成为可能。

特斯拉以其前沿的科技与革新的理念重塑了人们对交通工具的认知。作为一家标志性的创新型企业，特斯拉以其颠覆性的技术和独特的设计哲学，在汽车行业中引发了一场革命。它不仅关注产品的性能表现，更将环保理念深深烙印在品牌核心价值之中。特斯拉电动汽车凭借其独特的外观设计和卓越的性能表现，赢得了全球消费者的广泛赞誉。其流线型的车身、宽敞舒适的内部空间以及强劲的动力输出，都彰显了特斯拉对细节的极致追求和对用户体验的高度重视。与此同时，特斯拉车型的续航能力、加速性能以及智能化配置都在同级别车型中处于领先水平，进一步巩固了其在新能源汽车领域的地位。

特斯拉之所以能够在竞争激烈的市场环境中屡获殊荣，并成为新能源汽车行业的领军企业，最主要的原因在于它对用户需求的深入洞察与精准把握。特斯拉深谙产品创新之道，始终将用户需求置于研发的中心位置，不断推陈出新，迭代升级产品，确保每一款车型都能满足甚至超越消费者的期待。特斯拉的用户导向思维方式如表 5-5 所示。

表 5-5 特斯拉的用户导向思维方式

方式	作用
创新销售策略	特斯拉打破了传统的 4S 店模式，采用线上线下相结合的方式，直接面向终端消费者，简化了购车流程，提高了服务效率。同时，通过提供定制化的购车方案和便捷的金融服务，让消费者能够根据自己的喜好和财务状况选择最适合的购车方案
完善售后服务体系	特斯拉拥有专业的服务团队和技术支持，为用户提供全方位的车主服务，包括高效的维修保养、贴心的道路救援以及专业的咨询服务等。特斯拉还善于利用数字化工具，为用户提供透明的信息获取渠道和便捷的远程服务功能
注重与用户互动和用户反馈	通过社交媒体、用户论坛、线上活动等多种形式与用户保持紧密联系，及时倾听并回应用户的真实反馈，不断优化产品和服务。这种用户导向的思维方式已经深深烙印在特斯拉的企业文化中，是其取得市场成功的重要因素之一

2. 打破惯性思维

(1) 打破常规思维

常规思维，是指个体在解决问题、处理事务或进行决策时，遵循已有的知识体系、实践经验以及社会文化中流传下来的固定观念和既定规则来进行思考的方式。这种思维方式的特点在于其渐进性和安全性，因为它倾向于在已知的范围内寻求答案，从而减少探索未知领域可能带来的风险和不确定性。

然而，随着时代的快速进步和科技的迅猛发展，社会环境变得越来越复杂多变，面临的挑战也日益多元化。在这种情况下，仅仅依赖常规思维往往无法找到解决问题的最佳方案，也无法适应环境的快速变化。因此，打破常规思维显得尤为重要。

打破常规思维是激发创新思维的重要前提，它要求我们敢于挑战传统，不拘泥于现有的知识和经验，积极探索前所未有的、富有创新性的思考路径。当我们挣脱传统思维模式的束缚，勇敢地跳出既有框架，就能够更加自由地想象、探索和创造。这种创新思维，让我们能够以全新的视角审视问题，发现那些被忽视或未被开发的潜在可能性，从而催生出解决难题的新思路、新策略。

2022 年，马斯克做出了一个震惊全球的决定——收购推特。这一决策无疑是打破常规思维的典型案例。在多数人看来，收购一家社交媒体公司并不符合马斯克一贯的商业逻辑。众所周知，马斯克以不走寻常路和激进的商业策略著称，他曾多次在公开场合中表示自己更倾向于关注那些能够改变世界、推动人类进步的颠覆性技术行业。因此，当他宣布有意向收购推特时，这一消息立即引起了全球范围内的关注和探讨。

推特作为一个拥有庞大用户基础的社交平台，虽然其在发展过程中遇到了诸多挑战，如数据泄露、虚假信息传播以及用户增长放缓等问题，但马斯克却独具慧眼，看到了推特所蕴含的巨大潜力和价值。他认为，推特作为一个全球性、实时性的信息发布和交流工具，在信息传播、社区建设及潜在广告价值方面有无限可能性。因此，马斯克相信，推特与特斯拉、SpaceX 公司的业务相融合，将会创造更大的社会与经济价值。

在收购推特之前，马斯克与推特之间已经有着密切的合作。马斯克在推特上的活跃，不仅体现在他频繁地发布与自己事业、生活相关的内容，更在于他善于利用这个平台来倾听民意、搜集反馈，甚至将其作为测试新产品和想法的重要渠道。

马斯克的每一条推文都会有数万甚至数百万的转发和评论，形成全球范围的讨论热潮。这种广泛而深入的社会影响力，使得马斯克不仅成了推特平台上备受关注的人物，也让他成了用户愿意互动、交流的对象。马斯克与推特之间的这种深度互动背景，或许为他日后收购推特埋下了伏笔。

在收购推特的过程中，马斯克展现了自己的独特策略。他先是通过推特宣布了自己的收购计划，借助社交媒体的传播优势，这一消息迅速发酵，此举不仅提高了公众对推特品牌的关注度，也彰显了马斯克对于科技、传媒和投资领域的深远布局。随后，马斯克积极展开与推特现有管理层的深度对话和磋商。他凭借卓越的商业洞察力和人际交往能力，与推特方进行了多次细致入微的协商，不断推进收购方案的完善与落地。在这一过程中，马斯克的策略既体现了他对社交媒体的深刻理解，也展现了他作为一位商业巨擘的灵活变通和决策能力。马斯克收购推特的过程如表 5-6 所示。

表 5-6　马斯克收购推特的过程

时间	事情经过（结果）
2021 年 12 月 10 日	马斯克在推特上称自己考虑辞职做一名全职网红，并询问网友怎么看
2022 年 3 月 27 日	马斯克表示想要建立一个新的社交平台
2022 年 4 月 5 日	马斯克持有 9.2% 的推特股份，成为推特最大的单一股东
2022 年 4 月 9 日	马斯克表示不会进入推特董事会
2022 年 4 月 14 日	马斯克宣布将施行推特私有化的计划
2022 年 4 月 25 日	推特接受了收购协议，同意马斯克以每股 54.2 美元、合计约 440 亿美元的价格收购推特
2022 年 5 月 13 日	马斯克宣布暂停收购推特
2022 年 7 月 12 日	推特公司正式起诉马斯克，诉求是马斯克按约定价格收购推特
2022 年 9 月 9 日	马斯克的律师宣称，推特最近与一名举报人达成协议并向其支付了 775 万美元，马斯克基于这一点认为推特违反了协议中的某些条款，所以决定终止收购
2022 年 10 月 15 日	推特公司表示，马斯克正受到联邦部门的调查，涉及他以 440 亿美元收购推特的计划
2022 年 10 月 28 日	沙特王国控股公司与沙特亲王阿尔瓦利德的私人办公室宣布将其所持 3495 万股推特股份转让给马斯克领导的“新推特”
2022 年 10 月 31 日	马斯克正式入主推特，立即对推特进行改造，包括更换主页等

收购完成后，马斯克面临着如何整合推特资源、实现其商业价值的挑战，具体如表 5-7 所示。

表 5-7　马斯克收购推特后面临的挑战

挑战	具体表述
平衡好商业利益与用户体验之间的关系	推特作为一个广受欢迎的社交媒体平台，其用户体验直接影响到用户活跃度和忠诚度，而商业利益则是支撑平台持续创新和发展的基石。马斯克需要在这两者之间找到最佳的平衡点，既要通过有效的广告投放、订阅服务等方式增加收入来源，又要保证用户界面友好、内容推荐精准和信息安全，使得推特能够在保持其独特魅力的同时实现可持续发展
应对来自竞争对手和市场变化的挑战	随着互联网技术的飞速发展以及社交媒体市场的日益成熟，新的竞争者不断涌现，他们可能凭借更先进的技术、更优质的内容或更创新的商业模式来瓜分市场份额。同时，市场变化也是无常的，用户需求、行业法规、经济环境等因素都可能对推特未来的发展产生影响

马斯克收购推特的案例，为企业家带来了一场震撼人心的商业实践，以及一个深刻启示：面对全球化、数字化和智能化带来的市场格局深刻变革，企业必须敢于打破常规思维，勇于尝试新的商业模式和发展路径。只有这样，才能在激烈的市场竞争中立于不败之地。

（2）培养长远目光

作为企业家应用长远发展的眼光来看问题、思考问题，而不是紧盯着眼前的利益。正如 TCL 集团董事长李东生在一次采访中谈到的：站在现在看未来是本能，站在未来看现在叫本事。深谋远虑、谋变求生，这是李东生深谙的企业战略之道，也是 TCL 敢于挑战常规、勇往直前的创新之源。

放大格局，站在未来看现在，意味着企业家必须具备长远的目光和宽广的胸怀，能够摆脱眼前琐碎事务的束缚，站在时代的高度和未来的视角审视现在。这种能力是企业家实现企业持续发展的关键要素。任何一家企业想要在激烈的市场竞争中脱颖而出，持续保持竞争优势，赢得基业长青，就必须具备战略级的眼光和洞察力。这要求企业领导者不仅要立足于当前现状，更要前瞻性地规划未来，时刻关注行业发展趋势、政策法规变动、技术创新突破等关键变量，提前布局、谋篇，以引领企业不断突破自我，向前迈进。

马斯克始终站在科技创新的前沿。他旗下的 Neuralink 公司致力于开发高速脑机接口，这项技术有望实现人类大脑与外部设备的直接交互。通过这一创新，人们可能会看到残疾人重新获得运动能力，普通人则可能拥有更强大的学习和工作能力。

马斯克在推动脑机接口技术的同时，也深知这项技术可能带来的社会影响。他预见到，脑机接口可能导致社会阶层差距的进一步扩大。这是因为，如果脑机接口技术不能实现真正意义上的普及和平等访问，那么拥有先进脑机接口技术的个体或团体将可能在信息获取、工作效率、认知能力等方面取得巨大优势。他们可以更快速地处理信息，提高工作效率，甚至可能改变自身的知识结构和认知模式，从而在社会竞争中占据更有利的地位。

因此，马斯克强调脑机接口技术普及和平等访问的重要性。他主张通过教育、政策引导和科技创新等手段，确保每个人都有机会接触到并受益于这一先进技术，从而缩小社会阶层差距，促进社会的整体进步与和谐发展。

2024 年 1 月 28 日，Neuralink 公司成功地完成了首例脑机接口设备的人体移植。马斯克通过 Neuralink 这一平台将脑机接口技术的科研成果迅速转化为实际应用，为全球众多深受神经功能损伤困扰的患者带来了希望与福音。在脑机接口这一领域，马斯克再次展示了他的长远目光和对人类未来的深刻洞察。Neuralink 公司的研究进展如表 5-8 所示。

每个人的视野和视角如同一张无形的地图，指引着我们在人生的征途上探索、前进。要想在这个充满变数的舞台上抓住机遇、崭露头角，实现个人价值与社会价值的最大化，我们需要锤炼和提升自己的认知深度与广度，打造一双洞察幽微、锐意前行的慧眼。

每个人的视野、视角要更宽、更远、更深、更独特，然后才能抓住机会。大家都看得到的东西，凭什么你有机会？所以你要做的就是看到别人看不到的地方，敏锐地观察并深刻洞悉社会的变化，目光放宽、放长远，就像马云所说："我是为 20 年后的自己工作，我从来不为现在的自己工作。"这就是长远的目光。有了这种远见卓识，你才能提前布局，才能先人一步。

表 5-8　Neuralink 公司的研究进展

时间	研究进展
2019 年	首次公布植入物的设计：在大脑的某个区域内植入微小的电极线 1024 根，以倾听脑电波，并发送电波。
2020 年	公布了 N1 芯片植入计划，该芯片只有硬币大小、可由电池供电
2021 年	马斯克表示，为了获得进行人体试验批准，Neuralink 公司正在与美国食品药品监督管理局进行沟通
2022 年	Neuralink 公司举行了宣讲活动，宣布 N1 芯片能够无线充电
2023 年	Neuralink 公司获得美国食品药品监督管理局的批准，可以启动人体临床研究
2023 年	Neuralink 公司已获得独立评审委员会的批准，可以开展首次人体试验，该试验将为瘫痪患者安装大脑植入物
2023 年	Neuralink 公司寻找临床试验志愿者。受试者需同意切除一块头骨，以便将一系列电极和超细电线接入大脑，失去头骨的地方将被覆上一块芯片
2024 年	马斯克宣布，人类首次接受脑机接口芯片植入，植入者恢复良好
2024 年	马斯克表示，首位植入 Neuralink 脑芯片的人类患者已经完全康复，并成功用意念控制了电脑鼠标
2024 年	Neuralink 公司表示首位四肢瘫痪的受试者已经能够通过意念玩游戏和在线国际象棋
2024 年	首位受试者用意念操作，在 X 平台上发布了首条帖子

（3）局外人思路

一百多年前，有一位名叫纽康的知名天文学家兼数学家。纽康教授经过数年的研究，发表了一篇名为《人不能飞上天空的原因》的论文。在这篇论文中，纽康教授详细阐述了他对人类飞行能力的分析。虽然现在看来他的结论有些荒谬和不可思议，但在当时，他的论证却得到了很多人的认可和支持。他们认为纽康教授的论证很有道理，人类是不可能飞上天的。

然而，就在纽康教授的论文发表后不久，却发生了一件让他深感吃惊的事情——连初中都没有毕业的人发明了飞机。莱特兄弟原本是经营自行车店铺的，他们对飞行的兴趣起源于对天空的好奇和向往。经过多年的努力和实践，他们终于在 1903 年 12 月 17 日飞上了基蒂霍克山丘。这一天作为人类飞上天空的第一天被记录在了史册上。莱特兄弟的发明和创新，彻底改变了人们对飞行的认识和理解，也打破了纽康教授所谓的“人类不能飞上天空”的论断。

飞机不是科学家发明出来的，而是靠着年轻人心中的梦想和热情打造出来的。人类的经验犹如一把双刃剑，它既是我们前进道路上的坚实基石，也是我们视野拓宽的潜在障碍。我们往往容易陷入自身经验的舒适区，过于强调理性和既有知识的力量。

我们审视这个世界，实际上就像管中窥豹，这是一个充满未知和探索的过程。然而，我们对确定性的强烈渴望常常使我们忘记了这种探索的本质，反而沉溺于眼前所见的一块斑纹。

井底之蛙，岂能领悟海的辽阔？夏日之虫，岂能感知冰雪的寒冷？哥白尼、伽利略这些科学巨匠，在探索未知之后，往往遭到无知者的嘲笑。然而，倘若井蛙跃出井口、夏虫得以延续生命，它们便能摆脱束缚，领略一个更加宽广而奇妙的世界。

“我本可以就此退休，买一座可以冲浪的小岛。”这是马斯克在卖掉 Zip2 公司，从中赚到了 2100 万美元后说的。那时是 1999 年，马斯克刚满 28 岁，他一夜之间成为硅谷的千万富翁，再也不用为钱担心了。

拥有一座私人小岛是许多人梦寐以求的心愿，马斯克却对此毫无兴趣。上千万美元对很多人来说意味着余生可以过上清闲而优越的生活。很多人的梦想就此到头了，可是马斯克的梦想却远比绝大多数人大得多，普通人梦想的终点不过是他人生的起点。成功地摆脱了金钱的困扰，马斯克的步伐更加自由，能够随心所欲地追逐自己的兴趣和梦想。就如马斯克自己说的那样："我尝试练习，希望每天至少有一两件在舒适区外做的事。"

很快，马斯克用更短的时间推出了更便捷的在线支付系统 PayPal，改写了在线支付方式的历史。

马斯克怀着前所未有的野心朝着金融服务行业出发。尽管他非常聪明，而且是一个成功并且富有的年轻人，但我们不能忽略的是他完全没有银行和金融的专业背景，他所有的银行经历仅仅是大学时代在银行当过一段时间的实习生。创建网上银行对美国银行和花旗集团这样的金融巨头来说都是一个令人头疼的难题，马斯克却要凭借一己之力来完成，这在所有人看来都是一件不靠谱的事。

但是，正是在银行实习的那段经历给了马斯克创办网上银行的灵感，还令他看到了网上银行的可行性。与一般人不同的是，马斯克从不被常规思路束缚。他拥有开阔的视野和敏锐的洞察力，能从局外人的角度思考问题，寻找创新的解决方案。他是一个优秀的程序员，可是他从不仅仅把自己当作一个会写程序的人。

马斯克在评价 PayPal 时说："很难用同类的事物来解释 PayPal，因为 PayPal 完全是一种全新的事物。"这句话深刻反映了 PayPal 在在线支付领域的独特地位和创新本质。PayPal 不仅仅是一个在线支付平台，它更是一种全新的金融商业模式。其独特的运营模式、技术革新以及对消费者和商家需求的深刻理解，使得它在众多支付平台中脱颖而出。而马斯克在创办 PayPal 过程中的领导力和战略眼光，同样也是无可复制的。他凭借对互联网技术和金融市场的深刻洞察，引领 PayPal 走向成功。

20 世纪 90 年代末，互联网的繁荣使硅谷成为一个技术人才云集、资金充足、机会众多、适合创造神话的地方。电子商务的繁荣决定了在线支付系统必然随之兴起，就事实来看，在线支付系统的发展很大程度上依托了电子商务的迅速发展，在线支付系统和电子商务相互促进。

PayPal 的辉煌，既有时代的恩泽，也凝聚着马斯克的个人智慧。在消费互联网的曙光初现之际，马斯克便以其敏锐的洞察力和前瞻性技术预见，引领着行业的潮流。当众人还在互联网的广阔天地中徘徊犹豫时，马斯克已然勾画出了未来的蓝图。

随着人们越来越习惯于在 eBay 和亚马逊等平台上购物，马斯克以旁观者的身份，预见到网上银行的商机，并着手打造领先的网上银行，为金融领域带来了革命性的变革。他不仅将传统的金融工具巧妙地融入互联网，推动了行业的现代化进程，还注入了许多前沿的新概念，引领着金融领域的未来潮流。

在硅谷互联网泡沫破裂的狂潮中，无数公司纷纷倒下。然而，正是在这风起云涌的时刻，PayPal 在马斯克的明智引领下，如顽强的航船破浪前行，得以独善其身。它不仅安然度过了这场危机，而且成了一家上市公司，最终还以高价被 eBay 收购。这在当时整个科技行业都深陷泥沼，几乎连生存都不能保证的情况下，简直是一个奇迹。

比起上一个创业公司最后脱离自己初衷的遗憾，PayPal 这一次的表现令他满意。尽管后来马斯克和 PayPal 已经没有了关系，但是他对 PayPal 依然有着很深的感情。

马斯克一连两次在互联网行业取得了成功，很多人都很想知道他创业成功的关键是什么？马斯克是这样解释的：我想我比一般人更知道如何去创建一个基础坚实、以实用性的绝对优势领先对手占领市场的互联网公司。我在创办 Zip2 公司时我对传媒行业一无所知，但是我找到了正确的方法。事实上，我发现做一个旁观者更有助于创造性思考，想出改进事物的方法。人们年复一年地重复一件事，甚至违反了常识他们可能也不会发问。

我们常常发现，对于那些离自己最近、自己最熟悉的事物，我们反而越容易忽视它们的真实面貌，陷入一种“身在此山中”的迷局。这可能是因为我们的思维和情感与这些问题紧密相连，导致我们难以保持客观和理性的距离。因此，当我们置身于日常琐事之中时，往往难以跳脱出来，以全局的视角审视自己和周围的世界。

然而，旁观者的角色能为我们提供一种全新的认知视角。当我们以一个外部观察者的身份去观察一件事情，我们可以更加清晰地看到事情的本质和脉络，更容易发现其中隐藏的问题和潜在的解决方案。这就像下棋一样，棋局中的玩家往往深陷其中，无法看清全局，而旁观者却能一眼看出每一步棋的优劣和整个棋局的走势。

马斯克是一位具有开创性思维的领导者，他的“局外人”思路是他独特创新理念的鲜明体现。这种思维方式使得他能够在面对问题时，不受既有框架和传统观念的束缚，以一个全新的、相对客观的视角进行审视和思考。很多时候，当身处“局外人”的角色时，我们能够以一种更为直观且不受干扰的方式去观察、分析和解决难题，因为我们已经摆脱了内部视角和既定利益关系的束缚，从而更容易发现那些被常规思维所忽视或掩盖的问题本质，并且找到潜在解决方案。因此，往往“局外人”的建议更有价值。

3. 成为多个领域的专家：跨界融合

在遥远的非洲热带平原上，英国的一家公司决定落子布局，计划在此兴建一座写字楼。面对这片白天炽热如火焰、夜晚却又寒风刺骨的土地，公司向建筑设计师们提出了一个既充满挑战又富有创意的要求：打造一座外表迷人、功能全面的建筑杰作，而这一切，要在不依赖空调设备的条件下实现。

在热带建写字楼却不允许用空调？这个问题对于绝大多数专业建筑师而言都几乎是不可能的事情。

然而，建筑业难题的最终解决之道却深藏于生态学中。一位精通生态学的建筑师，从热带白蚁巢是一座冬暖夏凉的“大厦”的现象中汲取灵感，他不仅圆满完成了建筑任务，更开创了“自然拟态工程”这一全新领域，并成为其中的翘楚。

表面看来“无用”的琐碎知识，实则暗藏着千丝万缕的联系。当你沉醉于历史的波澜壮阔时，不知不觉便踏入了地理和人类文化的深邃世界；而当你对人类文化产生兴趣时，心理学和传播学的广阔天地也随之展现在你眼前；同样，当你热衷于探索外语的奥妙时，从对语法的探究到对语言演化、文化演变的追寻，都是自然而然的延伸。

那么到底什么是跨界呢？顾名思义，跨界就是不同领域都有涉猎，并能够巧妙地将这些领域的优势结合起来，以实现整体效果的显著提升。历史上，有很多通过跨界融合而成为多个领域专家的名人，如表 5-9 所示。

表 5-9　跨界融合的代表性人物

代表性人物	成就
丹尼尔·卡尼曼	一位杰出的心理学家和经济学家，以其卓越的洞察力和独特的思考方式，不仅在心理学领域取得了举世瞩目的成就，更将心理学的原理和技巧巧妙地融入经济学之中。他凭借深厚的学术功底和敏锐的洞察力，开创了行为经济学这一全新的研究领域，为经济学的发展注入了新的活力。他的著作《思考，快与慢》深入浅出地阐述了人类决策过程中的心理机制，影响了无数读者，让他们重新审视自己的思考方式和决策过程
贾雷德·戴蒙德	一位以生物学和地质学知识见长的历史学家。他将自然科学的研究方法与历史研究方法相结合，为这一领域注入了新的活力。他的杰作《枪炮、病菌与钢铁》以跨学科的视角，深入探讨了人类社会历史的发展进程，分析了地理环境、生态因素以及疾病对人类历史的影响。这部作品荣获了普利策奖等众多奖项，赞誉无数，成为历史学界的经典之作
沃森和克里克	两位科学家，凭借扎实的化学基础和物理学背景，采用跨界思维对待生物学研究。他们运用物理和化学的方法，成功地揭示了 DNA 分子的双螺旋结构，这一发现不仅解决了生物学界长期以来的重大问题，也为后来的分子生物学研究提供了坚实的基础。这一里程碑式的发现让他们在生物学界青史留名，成为科学界的传奇人物

人类历史上还有很多的发现和发明与跨界融合相关，这样的例子比比皆是。香农在信息论中引入的熵的概念来自热力学，知识学习中的及时反馈与自动化控制有异曲同工之妙，人工智能的深度学习借鉴了生物神经网络，飞机的发明受到了鸟类的启发，雷达的发明受到了蝙蝠的启发等。

张首晟教授在斯坦福大学的一次演讲中，讲述了人类知识体系的发展状况及其面临的挑战。他将人类数千年的知识积累比喻为一棵枝繁叶茂的大树，这棵大树的根系深远且庞大，其树冠则犹如一个复杂交织的网络，包含了自然科学、社会科学、人文科学等众多领域分支。尽管人类在各个学科领域都取得了显著的进步和成就，但是知识的专业化分工越来越细，不同学科之间的壁垒似乎在不断加深，导致学者们往往难以跨越自身的专业领域去全面理解和把握其他学科的知识体系与发展动态。

所以能够用跨界融合的思维，把丰茂的大树看清才是这个时代所需要的核心能力。在这个信息爆炸、学科交叉日益频繁的时代里，人们亟须培养一种跨界整合的思维能力，成为多个领域的专家。今天我们这个时代缺少的是亚里士多德、柏拉图、富兰克林这样的“通才”。

跨界思维，是一种独具匠心、充满创意的思维方式，它要求我们以开阔的眼界、多维的角度和广泛的视野去审视问题，并提出独到的解决方案。跨界，意味着跨越界限，打破常规，将不同领域的知识、经验和思维方式融合在一起，形成全新的思维模式。它不仅代表着一种敢于挑战传统、拥抱变革的生活态度，更是一种锐意进取、开拓创新的思维特质。

传统观点认为，在追求卓越的道路上，我们必须专注于一个特定的专业领域，通过深度学习和持续实践来积累专业知识、锤炼专业技能，以实现在该领域的卓越成就。长期以来，这一观念深受社会各界的广泛认同。然而，马斯克却用事实打破了我们对“专才”的固有认知。他让我们明白，跨领域学习和跨界整合对于培养顶级人才具有至关重要的作用。

马斯克学识渊博，涵盖火箭科学、工程学、物理学、人工智能、太阳动力能源等多个领域，丰富的知识储备赋予了他独特的跨界思维能力。他的思维灵活多变，当钻研火箭技术时，能联想到生物学的奥秘；在研究特斯拉时，能巧妙运用化学原理；而在探索太阳能时，则以哲学思维拓宽视野。这种跨学科的思维方式，使得他在各个领域中都能展现出卓越的创新力和前瞻性思维。所以，我们有理由相信为了取得突破性成功，必须跨领域学习。

跨领域学习能够为我们带来独特的信息优势。设想一下，当你身处科技领域，身边的人都在翻阅科技类刊物，而你却掌握了丰富的生物学知识，那你一定能够萌发出与众不同的创意点子。同样，如果你在生物行业里，却同时洞察人工智能的奥秘，那么你必将超越那些仅限于生物学领域的人，拥有更为全面的信息优势。

知识是一个具有生命力的体系，它并不是孤立的、静态的，而是一个处于不断演变和发展中的动态实体。人类在漫长岁月中积累起来的无数知识成果，虽然分布于各个专业领域，但是它们之间存在着共通本质和内在联系。这种共通性就如同物理学家不断探寻的统一场论一般，试图揭示自然界最根本的规律，将看似复杂多样的现象归纳到统一的理论框架之下。一个人在多个学科领域的知识储备达到一定的量，这些知识就会在大脑中交织成一个庞大的知识图谱。当这个知识网络形成时，便会发生一种奇妙的作用——知识的融会贯通。这时候，各领域的知识不再孤立存在，而是如同河流交汇形成浩渺海洋，相互渗透、相互激活，使得原本静态的知识瞬间活跃起来，散发出独特的光芒。

马斯克在跨界合作方面也有不少成功案例。特别是他在航天技术领域的跨界合作，堪称典范。马斯克与 NASA 的合作，使得 SpaceX 公司成了首个将宇航员送入太空的商业公司。这种跨界合作不仅带来了技术上的突破，还推动了多个领域的发展。

马斯克通过独特的跨界融合策略，成为多个领域的专家。他擅长将不同领域的知识、技术相互融合，催生出全新的产品和服务。这种跨界融合不仅使他在原有领域取得更大的突破，也为新兴行业提供了崭新的思路和发展方向。

第六章

CHAPTER SIX

马斯克后悔没早学会的工作方法

尽管马斯克在多个领域取得了非凡的成就，已经是世人眼中的成功人士，但是他也有很多后悔没能早日掌握的工作方法。倘若他能更早地认识并运用这些工作方法和策略，他的事业可能会达到一个更高的高度。

马斯克曾在他的各类社交账号上与采访中分享有用的知识，例如他在推特上分享的 50 种认知偏差、在访谈中分享的迁移学习能力等。马斯克通过不断尝试和反思，总结出了一系列极具价值的工作方法。这些方法不仅对他的个人成功起到了关键作用，也为我们提供了一份宝贵的知识财富，值得我们深思和借鉴。

一、克服认知偏差，准确自我定位

马斯克曾在推特上发过一条推文，该推文有 50 张带文字图片，马斯克给这些图片配了一句意味深长的话："这些应该在人年轻的时候就教给他。"这 50 张带文字图片，实际上是 50 种认知偏差，"狂人"马斯克懊悔自己年轻时没人教他这些认知偏差。

认知偏差是指人们在信息处理、思维判断和决策制定过程中，由于内在认知机制、主观因素、情感因素或外部环境的干扰，导致对信息的解读和判断偏离客观真相的现象。这种偏差是普遍存在的，不仅影响个体的日常决策，也在一定程度上塑造了整个社会的认知和行为模式。

认知偏差种类繁多，常见的有确认偏误、首因效应、近因效应、光环效应、刻板印象、投射偏误等。这些偏差在人们的日常生活和工作中无处不在，影响我们认识自己，甚至影响着我们的决策和判断。常见认知偏差如表 6-1 所示。

表 6-1　常见认知偏差

认知偏差名称	定义	例子
确认偏误	是一种典型的心态，表现为我们倾向于寻找、解释和理解能支持自己预先设定的观念、信仰或期望的信息，而对于那些不符合我们已有观念的信息则往往视而不见或曲解其含义	一个人如果预先形成了对某个候选人的负面印象，他可能会刻意寻找并强调该候选人的缺点，而忽视其优点和积极贡献
首因效应	是人们对一系列事物进行判断时，倾向于重视最先接收的信息，形成最初的印象并对整体评价产生较大影响	在面试过程中，面试官可能过度重视应聘者的初次表现，而忽略了对其整体表现的综合评估
近因效应	是指当人们识记一系列事物时对末尾部分的记忆效果优于中间部分的现象	我们在旅行结束后回忆旅程时，往往更容易记住最后一天的经历，而前几天的经历则可能会变得模糊
光环效应（晕轮效应）	是一种以偏概全的认知错误，它指的是当人们对一个人的某一特质形成好或坏的印象后，会不自觉地将这一印象泛化到该人的其他方面，无论这些方面与原始特质是否真正相关	一位员工因其出色的销售业绩受到赞誉，人们可能会误认为他在其他工作领域也同样表现出色
刻板印象（定型效应）	这种认知偏差源于对特定群体的先入为主的观念，可能使人们在面对具体个体时无法做出客观公正的评价	①性别刻板印象：男性擅长理工科，女性擅长文科。②地域刻板印象：北方人豪爽，南方人善于经商
投射偏误	人们常常不自觉地把自己的心理特征（如个性、好恶、观念、情绪等）归属到别人身上，认为别人也具有同样的特征	一个人对自己的工作不满意，可能会认为其他同事也同样对当前的工作环境感到不满

古希腊神庙上的箴言“认识你自己”，强调了认识自己的重要性。我国古话“人贵有自知之明”，也强调了了解自身特质、能力和位置的重要性，即可以帮助我们更好地发展自己，调整与他人的交往行为，提高参与社会活动的积极性。

庄子的“井底之蛙”的寓言故事，说明人们因为环境和条件的限制，往往认知存在局限性。每个人的认知都受到他所处的社会生产力水平、生活经历、感情和心理习惯的影响。

受制于人类社会的发展、科技的水平和自身的认知能力，现实中的人永远无法摆脱自身认知的局限性，人永远都行进在具有局限性、应对局限性和破除局限性的矛盾之路上。认知的局限性很大程度上对人、社会和历史发展乃至自然都产生了严重的负面效应。克服认知局限，方能准确自我定位，才能实现个人发展。

2023 年 7 月 12 日，马斯克成立人工智能公司 xAI。在人工智能领域，马斯克始终怀有一个宏伟的目标：确保人工智能技术的发展造福人类，而不是威胁人类的未来。他深知，随着技术的快速发展，人工智能可能带来前所未有的变革，同时也可能带来无法预测的风险。因此，他的定位是建立一个人工智能公司，旨在推动人工智能技术的创新，同时确保这些技术用于造福社会。

为了实现这一目标，马斯克在全球范围内招募了一支精英技术团队。马斯克特别重视人才多样性和跨领域合作。他深信，不同学科背景的人才聚在一起，能够带来多元化的视角和思维方式的交融，从而碰撞出最具突破性和创新性的想法。因此，在这支团队中，我们可以看到成员们分别有着计算机科学、数学、物理学、生物学以及经济学等多元化的学科背景。他们共同致力于人工智能技术的研发和应用，通过跨学科合作与交流，不断推动人工智能技术在深度学习、神经网络架构、算法优化等诸多领域的探索和应用。

马斯克深知人工智能技术的潜在风险，因此在推动技术发展的同时，他始终关注可持续发展的问题。他强调在人工智能技术的研发和应用过程中，必须考虑到对环境资源的影响，采用绿色低碳的技术路径，还要兼顾社会伦理规范，避免对人类社会产生负面影响。同时，从经济角度看，人工智能解决方案应当着眼于长期发展，而不是受短期利益驱动。为此，他的公司致力于开发环保、安全和具有社会责任感的人工智能技术，为社会的可持续发展做出贡献。

作为 xAI 的创始人和领导者，马斯克始终保持谦逊和敬业的精神。他将自己定位为领路人，引导团队朝着既定的目标前进。他对自身进行了客观的评估和定位，清楚地知晓自己目前的状态和所拥有的资源，以及为了达到他所期望的目标，他还需要借助什么样的帮助，这些在马斯克的心中都有明确的规划。

就如马斯克少年时毅然离开南非想要前往美国一样，一旦有了清晰的自我认知，就能做出正确的规划与选择。在对周遭的环境进行深入分析后，马斯克深知南非给不了他所需要的契机，也难以为他提供所需要的资源，马斯克选择勇敢地离开南非，踏上了前往美国的旅程。尽管这条道路充满了未知和挑战，但他凭借坚定的目标和清晰的认知，克服了种种困难。而如今从 xAI 的发展历程上，我们不难看出他继续在沿用他年少时的“手段”。

在快速发展的科技领域，每一个决策都至关重要。而为了确保决策的正确性，我们需要的不仅仅是数据、信息和逻辑推理，更需要的是正确认识自己，做好自我定位。然后由于各种认知偏差的存在，我们的决策过程时常被其影响，它可能在不经意间扭曲我们的视野，限制我们的选择范围，甚至误导我们对现实情况的理解和判断。因此，想要准确做好自我定位，必须识别并克服认知偏差。

二、强化学习迁移能力

学习迁移是教育心理学和认知科学的核心概念，它揭示了人类学习过程中知识、技能、态度和策略的跨情境应用与影响。所谓学习迁移，就是我们在某种学习环境中习得的知识、技能或形成的态度，能够有效指导我们在另一种学习环境中进行学习，而这两种学习环境看似不同但实际上有关联。学习迁移并不是单纯地对原有知识进行机械复制，而是对已有知识的加工与重构。具体来说，就是将已学到的抽象概念、原理或方法灵活运用到新情境中。它要求个体对新情境进行深入理解，识别其与原有知识结构的相似性和差异性，并据此调整和完善自身的认知结构，以实现知识的有效整合与再创造。

作为一位科技产业先驱，马斯克始终坚信学习的力量。但他也坦言，如果能早些养成学习迁移的能力，他的许多项目可能会更加成功。然而，“好饭不怕晚”，马斯克通过持续不断地学习与自我改进，显著提升了自身的学习迁移能力，并将这种能力应用于科技创新的各个领域。马斯克的多维度开拓和发展使他成了名副其实的“21 世纪的文艺复兴人”。马斯克的学习迁移能力如表 6-2 所示。

表 6-2　马斯克的学习迁移能力

学习迁移能力	具体表现
技术迁移能力	马斯克能够将在一个技术领域学到的知识和技能应用到另一个看似毫不相关的技术领域。例如，他在创办 SpaceX 公司时，将自己在互联网支付领域积累的资金和技术，成功应用到了航天领域，推动了火箭技术的革新和商业化。同样，在特斯拉的电动汽车项目中，他也将自己在软件和网络技术方面的专长应用到了电动汽车制造业，引领了电动汽车行业的变革
领导迁移能力	马斯克能够在不同的组织结构和文化背景中迅速适应，并有效地运用自己在领导和管理方面的丰富经验，来推动团队不断创新和高效运作。无论是在 SpaceX 公司、特斯拉还是其他公司，马斯克都能够建立一种高效、积极且充满活力的团队文化，激发团队成员的潜能，促使他们为了共同的目标而紧密协作，充满激情地去完成看似不可能的任务
商业领域的学习迁移能力	马斯克能够将在一个商业项目中积累的经验和教训应用到另一个项目中，不断调整和优化商业模式。例如，在特斯拉项目中，他通过借鉴和改造传统汽车行业的商业模式，成功打造了一个以电动汽车为核心的新能源汽车生态系统。这种商业模式的迁移不仅提高了特斯拉的市场竞争力，使其占据了行业领导地位，而且引领了整个新能源汽车行业的发展方向，推动了全球新能源产业的革新与进步

乔布斯，这位曾引领硅谷风云的巨擘，虽然他的离世让那璀璨夺目的光环逐渐暗淡，但人们对他的怀念与敬仰却从未减退。他的离去给苹果的未来命运投下了阴影，外界担忧之声此起彼伏。世人纷纷感叹，硅谷恐怕再难寻得第二个如乔布斯般的人物，他的独特领导力、卓越产品设计理念以及对完美的不懈追求，都是无法复制和替代的。然而，在惋惜之余，人们又怀揣着对未来的期待，积极地寻找着下一个“乔布斯”的身影。

很快大家将搜寻的目光聚集在了马斯克身上。在一次访谈中，马斯克被问及是否将乔布斯视为自己的榜样，他谦逊地回应：乔布斯，这位时代的巨擘，无疑是我深深敬仰的对象。他身上散发出的魅力与智慧，总能引人深思，让我由衷感叹他的伟大。然而，我无意追赶他的步伐，因为他所拥有的独特魅力与风格，使我深知他比我更酷。

有人评价马斯克是这个时代最接近达·芬奇的人。

科学技术日新月异，我们正以前所未有的速度迈向未来，在这高速发展的进程中，我们或许会不自觉地忽视那些在历史长河中熠熠生辉的知识巨匠。尤其是文艺复兴时期的杰出巨匠，他们的智慧与才华曾经引领了一个时代的潮流，他们的灵感与创作如同一股巨浪席卷了整个欧洲，甚至影响了后世无数的人。其中最为耀眼的无疑是达·芬奇。他不仅是一位绘画与设计方面的天才，为我们留下了诸如《蒙娜丽莎》和《最后的晚餐》这样的不朽画作，还深入探索了科学、哲学、解剖学、光学、机械学等多个领域，其涉猎之广泛、成就之高令人震惊。达·芬奇的作品不仅仅是对现实世界的再现，更包含了他对未来世界的深刻预见与独特理解，他本人被誉为“文艺复兴时期最完美的人”。

在西方文化中，“文艺复兴人”成了一种象征，代表着那些涉猎广泛、精通多个领域、具有卓越才华和深邃思想的人。除了达·芬奇之外，还有许多这样的杰出人物，如牛顿、爱因斯坦等科学巨匠，他们的智慧与成就同样令人敬仰。

在这之后的很长时间都没有再出现这样的人物，直到马斯克的出现。

马斯克是一个通才，据他的弟弟金巴尔介绍，马斯克在青少年时期就开始每天阅读两本不同学科的书，这相比普通人的阅读量已是翻了数倍，同时他还可以把从学校中或者书本上学习到的精髓应用到“现实世界”中。

马斯克的学习迁移能力之所以如此出色，离不开他对持续学习和自我提升的执着追求。他深知知识更新的速度非常快，因此始终保持对新技术和新知识的极度渴望。他通过自学、阅读、实践以及与各行各业的专家交流等方式，不断地充实自己的知识库，从而确保自己对各个领域都通晓一二。

马斯克也鼓励他的团队成员要保持持续学习的态度。他倡导的开放、包容和创新的组织文化，使得整个团队都能够在一个充满活力和创造力的氛围中工作。这种持续学习的态度为马斯克在不同领域间的知识迁移提供了源源不断的动力。无论是从科技创新到商业运营，还是从人工智能到可持续发展，马斯克都能凭借其强大的学习迁移能力，迅速掌握新的知识和技能，从而引领团队不断突破和进步。

三、提高执行力

对于马斯克而言，执行力不仅是将梦想转化为现实的桥梁，更是推动他在各种挑战中不断前行的动力。然而如此看重执行力的马斯克，却曾说后悔没能早日明白“行动之后，才有成功”的道理。他意识到，只有将梦想转化为实际行动，才能真正迈向成功。这不仅仅是一种哲学观念，更是他多年来的实践经验。正是这种对执行力的极致追求，让马斯克在面对各种挑战时，能够迅速做出决策并付诸实践，从而推动了一系列创新项目的落地生根。

2018 年 2 月 22 日，SpaceX 公司用“猎鹰 9 号”火箭将 Microsat-2a 和 Microsat-2b 卫星送上了太空，而这两颗卫星的成功发射，标志着“星链”计划从概念走向了实践，未来，全世界都将覆盖卫星 Wi-Fi 信号。

“星链”，这一宏伟的设想由马斯克提出，与摩托罗拉的“铱星”计划有异曲同工之妙。当年，摩托罗拉怀揣着梦想，希望借助卫星的力量，为手机信号开拓新天地。而“星链”则更进一步，其计划在 2019 年至 2024 年间，发射 1.2 万颗卫星，为全球的用户织就一张高速 Wi-Fi 的网。然而，这仅仅是开始，随后的计划更是雄心勃勃：将再增添 3 万颗卫星，使卫星总数达到 4.2 万颗。北京时间 2024 年 4 月 5 日，SpaceX 公司成功发射了 23 颗“星链”卫星，至此，“星链”卫星的发射总数达到了6145颗。截至2024年4月5日，2024年SpaceX公司发射“星链”卫星部分情况如表6-3所示。

表6-3 截至2024年4月5日，2024年SpaceX公司发射“星链”卫星部分情况

发射时间	发射情况
2024年1月3日	发射了首批6颗具备直连手机（DTD）能力的“星链”卫星
2024年1月29日	在美国东海岸佛罗里达州肯尼迪航天发射中心39A发射场，“猎鹰9号”B1062.18发射第136批，共23颗星链V2 Mini卫星进入近地轨道
2024年1月29日	在美国西海岸的范登堡太空军基地4E发射场，“猎鹰9号”B1075.9发射第137批，共22颗星链V2 Mini卫星进入近地轨道
2024年2月10日	完成了第138批“星链”卫星的发射，将22颗“星链”卫星发射升空，SpaceX公司的“星链”卫星发射总数目达到了5828颗
2024年2月23日	在范登堡太空军基地4E发射场，完成了第140批“星链”卫星的发射，发射火箭“猎鹰9号”B1061.19将22颗“星链”卫星发射升空，SpaceX公司的“星链”卫星发射总数目达到了5872颗
2024年3月11日	完成了第144批、23颗“星链”卫星的发射
2024年3月11日	完成了第145批、23颗“星链”卫星的发射
2024年3月26日	发射了第149批、23颗“星链”卫星
2024年3月31日	发射了第150批、23颗“星链”卫星
2024年4月2日	发射了第151批、22颗“星链”卫星
2024年4月5日	发射了第152批、23颗“星链”卫星

倘若马斯克的“星链”卫星计划得以成功实施，SpaceX公司将会在全球卫星高速互联网服务市场占据绝对领先的地位。太空中的卫星位置无疑具有极高的战略价值和经济吸引力，仿佛是一个令人垂涎三尺的宝藏，然而现实世界却有着公平而严格的规则——先到先得。在太空竞赛中，无论是商业公司还是国家机构，都深刻理解并严格遵循这一原则。谁能够率先占据这些宝贵的轨道资源，谁就能在未来的太空竞争中取得先机，进而获取最终的主导权。

历史上，谷歌、脸书、三星、一网等公司都曾怀揣着类似的宏伟蓝图，然而，真正敢于付诸实践的却是马斯克的 SpaceX 公司。据脸书的计算，构建卫星高速互联网的前期投入竟高达 100 亿美元，这一天文数字令他们望而却步，最终选择放弃。然而，马斯克对这一项目进行了成本优化与可行性探索，他不仅成功地削减了项目预算，还找到了降低生产成本、提高效率的方法，使得卫星制造、发射和地面设施建设等环节都能在可控的成本范围内得以实施。马斯克以实际行动践行了他的宏伟蓝图。

马斯克不仅是一位典型的美式现代科技企业家，更是一位拥有宏大理想、大情怀、大视野、大战略和大智慧的人物。他的创业之路充满了勇气和智慧，他的目标远不止财富和社会地位，更超越了国家和民族的界限。正是他这种高瞻远瞩的立场，使得他的每一次成功都足以让世界为之惊叹。

在真正的大格局视角下，他的决策既具有前瞻性和战略性，同时又深深植根于现实土壤，展现出务实而接地气的一面。他能够精准把握时代脉搏和未来趋势，结合自身技术优势和市场潜力，做出正确的投资与技术方向选择：做特斯拉电动汽车，是绿色环保的时代需求；做超级高铁，一方面是对降低高速出行成本的思考，另一方面是对既有技术能力的判断；做新能源，包括太阳能、充电桩、储能墙等，既是配合特斯拉汽车等的需要，也是为绿色环保做出努力。

SpaceX 公司承载着马斯克的太空梦想，这种情怀源于对人类命运共同体的深刻洞察。太空移民，这一远大梦想，旨在打破地球引力的束缚，拓展人类生存的自由空间，为人类多元生存打开新的可能。同时，这也是对地球人口拥挤问题和潜在自我毁灭风险的解决方案。在技术突破与成本控制方面，SpaceX 公司发现了新的可能性，并有效组织实施。自 2002 年成立以来，仅用了十余年，这家数千人的私营企业便实现了众多国家的梦想。如今，SpaceX 公司拥有世界独一无二的火箭回收和重复利用技术，极大降低了太空运输成本，为人类的太空探索开辟了新的篇章。

“星链”计划的成功实施，充分体现了马斯克深刻践行将想法转化为实际行动的信念。这一宏伟计划起初作为一项极具前瞻性的创新构想，通过精准布局和高效执行，最终成为现实。其背后的核心驱动力是强大的执行力——连接梦想与现实之间不可或缺的关键桥梁。没有执行力，再宏伟的梦想也难以跨越理想与现实之间的鸿沟。执行力意味着将创意转化为具体行动，克服困难、应对挑战，一步步朝着目标迈进。

四、掌握主动权

在互联网行业，那些管理层持股被稀释至个位数的企业屡见不鲜。这些企业往往在发展过程中为了吸引投资、扩大市场份额或者实现其他战略目标而引入新的投资者，或者通过公开上市的方式将部分股权社会化。这一过程中，新进入的资本方可能会要求获得企业的话语权，甚至有可能通过增持股份成为最大的股东，进而替换掉原有的管理层。如果这些被稀释股权的管理层未能与新进投资者达成有效共识，或者无法证明自己能够为企业带来更高的价值，那么他们就可能面临被边缘化的风险。一旦“野蛮人”（不怀好意的收购者）悄然涉足，历史的阴影便可能重现，公司管理层届时或将面临被扫地出门的危机。

1985 年，因经营理念的分歧，乔布斯遭到董事会的逐出。自那时起，苹果公司经历了一段充满挑战和困顿的时期。公司股价下跌，市场份额也被竞争对手逐步蚕食，一度到了濒临破产的边缘。

1997 年，乔布斯以拯救者的姿态归来，这让众多渴望英雄挺身而出的苹果粉丝看到了希望。乔布斯的归来，不仅是苹果公司的一个重要转折点，也是乔布斯个人职业生涯的一个重大转折点。他凭借其独特的领导力和创新理念，为深陷困境的苹果公司注入了新的活力，重新定义了手机的概念，引领了一场颠覆世界的创新潮流。

多年后乔布斯在斯坦福大学的演讲中谈道：被自己一手创立的公司踢掉是这一辈子最美妙的事情。

在历史长河中，众多企业成功故事的背后，无不凝结着企业创始人对企业股权的坚守。股权，这一看似简单的权力象征，实则关系到企业的生命脉络。控制权的稳定，对于企业的长远发展而言，具有至关重要的意义。每一次控股权的更迭，都如同将企业置于风暴之中，不仅消耗了宝贵的资源，更让企业陷入内耗的漩涡难以自拔。企业因此无法专心于技术研发、经营管理、市场拓展等核心业务，更难以形成稳固的价值观和企业文化。

然而，马斯克对这个道理的深刻理解，始于 Zip2 公司和 PayPal 这两个创业项目。在这两段经历中，马斯克认识到了资本、权力和愿景之间的复杂关系。他开始意识到，即使拥有再好的想法和再强的执行力，也不一定能够成功。因为公司的成功不仅取决于创始人的智慧和努力，还取决于市场环境、投资者期望、产品需求等多种因素的综合作用。

1998 年，马斯克发现自己竟不能掌控自己一手创办的公司的走向，尽管这个时候他仍然是公司董事长和执行副总裁。特别是在几轮融资以后，马斯克发现自己的股份仅仅只有 7%，这让他感到非常沮丧。

就在这一年的四月份，Zip2 公司宣布了与“城市搜索”合并的计划。“城市搜索”和 Zip2 公司非常像，同样也是一家非常具有竞争力的为用户提供城市指南服务的公司。那时候 Zip2 公司和“城市搜索”都在与微软推出的城市指南服务——人行道的竞争中处于不利地位。大家都认为这两家公司合并后将成为本地最大的搜索公司，而且将扼杀一大批同行业的小公司。

但是，就在所有人都以为合并计划会顺利进行的时候，马斯克和“城市搜索”的首席执行官查尔斯·康进行了一次对话，在这次对话后，马斯克不再信任对方。因为马斯克感到“城市搜索”的首席执行官会在合并完成后的几个月内迫使他离开。马斯克和金巴尔都反对这次合并，最后双方斡旋的结果就是取消合并计划。

这场未能达成的交易，犹如一块引发连锁反应的多米诺骨牌。最终“城市搜索”选择与票务公司特玛捷进行战略合并。在这场合并的风波中，Zip2 公司受到了严重的冲击，其市场地位与经营状况变得愈发棘手。董事会将合并失败导致公司经营困难的责任，全部归于马斯克个人领导决策失误上，这导致马斯克在公司内部的地位急剧下滑，最终失去了董事长的职务。

对于董事会的决定，马斯克显然心存不甘，他在公开场合表示：“他们应该把管理权交给我，我坚信自己有能力引领公司走出困境。”他进一步指出，董事会成员往往难以突破既定框架，缺乏创造性和远见，难以在快速变化的市场环境中做出前瞻性的布局和决策。他强调：“专业管理人员虽然有着丰富的经验和技能，但他们在创新和突破方面往往力有不逮。”

马斯克的观点并非无的放矢。事实上，不少企业家和创新者都认识到，企业成功的关键往往不在于管理的专业化程度，而在于领导者的创造性思维和战略眼光。企业需要的不单是遵循既有模式的稳健经营者，更需要能够洞察未来、敢于冒险、勇于创新的领航者。正因如此，尽管董事会做出了看似合理的决策，但最终却并没有真正解决 Zip2 公司面临的危机。

1999 年 2 月，个人计算机制造商康柏公司做出了一个具有历史意义的战略决策——表示愿意收购互联网企业 Zip2。这一举动被广泛认为是互联网历史上一次著名的企业救援行动，是传统企业开始涉足并看好互联网领域的开端。

对一个市值在千万美元的公司来说，董事会策略才是管理顾问称之为“核心竞争力”的东西，不幸的是马斯克在这方面却缺乏该有的天分。不过这也不要紧，因为在传统企业中至关重要的部分在创新企业中可能无足轻重。在创新企业中，更多的是个人意志决定胜利与否。马斯克的支持者要的正是马斯克本人，只有他会无视传统公司的规则，能够凭借个人能力把整个公司凝聚起来，让所有的员工都为一个目标努力，尽管这个目标有时候并不清晰。

康柏公司此番行动的原因，一方面是其敏锐洞察到信息技术行业未来发展的趋势，另一方面是其对创新技术企业潜力的深刻理解。康柏旗下的子公司——远景公司，以慷慨的收购条件——3.07 亿美元的现金加上价值 3400 万美元的股票期权，完成了对 Zip2 公司的收购。这笔交易在当年堪称互联网公司收购案中金额最大的一笔，也被认为是康柏公司转型互联网战略重要的一步棋。

对于当时年仅 28 岁的马斯克来说，这次收购给他带来了巨额的财富回报。他作为 Zip2 公司的主要创始人之一，持有相当比例的公司股份，因此这次收购使得他瞬间进账 2000 多万美元，一夜之间就成了硅谷炙手可热的千万富翁。

随着外部风险资本的引入和股份的稀释，马斯克已无力捍卫自己在 Zip2 公司的 CEO 地位。尽管 Zip2 的出售让他一夜之间身家暴涨，但这一结果却令他心生失望，因为他未能将公司塑造为心中所希望的样子。

在 PayPal 也是一样，马斯克身为 X.com 的创始人，在 X.com 与 PayPal 合并后，他手中持有的大量 PayPal 股份使他在公司赚得满满当当。然而，命运的波折再次降临，他竟在澳大利亚度假期间被解除了 PayPal 的 CEO 职务。

马斯克对这两次创业结果的失望，可以从他对这些经历的评论中反映出来。

对于 Zip2 公司，马斯克曾这样说过："他们应该做的是让我继续负责管理这家公司，因为一家由风投或职业经理人接管的公司永远不会有好的事情发生。这些人虽然有很强的动力，但他们没有创造力或洞察力。少数人有，但大多数人是没有的。"

马斯克从 Zip2 公司与 PayPal 的创业历程中汲取了宝贵的公司管理和掌控智慧，这些智慧在他的后续创业和投资中得到了淋漓尽致的体现。

在他今后的职业生涯中，马斯克始终确保对所投资的公司拥有绝对的控制力和影响力。因此，他积极参与特斯拉的融资过程，以确保自己持有公司足够的股份。甚至在特斯拉的一次内部纠纷中，马斯克不惜牺牲经济利益，坚决捍卫自己的控制权。他将价值 800 万美元的优先股转换为普通股，以此达到驱逐当时特斯拉 CEO 马丁・艾伯哈德的目的。

尽管特斯拉并不是马斯克亲自创立的，他对特斯拉亲力亲为的方式和对特斯拉的影响力，让他最终在 2008 年担任该公司 CEO 一职。

马斯克在创业初期，对于掌握主动权的重要性并未给予足够的重视。他过于专注产品研发和市场推广，而忽视了在组织结构、决策制定以及合作伙伴关系等方面巩固自身主导地位。然而，正是这样的试错机会，让他在后来的创业中经验老到，游刃有余。通过汲取早期失去控制权的教训，马斯克学会了如何在复杂的环境中更好地驾驭局势、调动团队、制定有效策略，并在面临重大决策时保持清醒和果断。

在公司的发展历程中，控制权的争夺是无可避免的一环。从初创期的摸索，到创始合伙人之间的纷争，再到融资带来的股权稀释，直至最终的公开上市，控制权的问题始终如影随形，不时引发争议和冲突。那么，对于初创企业而言，创始人在公司早期应如何运筹帷幄，以预防日后被迫出局的风险呢?

第一，在公司创立之初，创始人在创业公司的领导地位至关重要，它不仅为稳定创业团队提供了坚实的基础，更是公司未来发展不可或缺的核心力量。

以百度为例，李彦宏凭借其远见卓识和坚定信念，以 50% 的股份引领公司走向辉煌。而腾讯在迎来 IDG 资本等投资机构的助力时，马化腾及其团队依然保持着 60% 的股权，展现出他们对公司的深厚情感和长远规划。在多轮股权融资过程中，创业经营团队的股权虽然会被逐渐稀释，但创始人及团队必须明智地守护自己的权益，为未来留下足够的调整空间。这样，才能确保公司在风云变幻的市场中稳健前行，持续创造辉煌。

第二，在进行股权结构设计时，不妨效仿双重股权结构，将股权和投票权分离。即使没有双重股权结构，只要创始人或创始人团队在公司成立之初、引入投资之时及上市前后等关键节点，提前做好股权设置，就能很好地解决类似问题。

以乐视为例，其股权架构不仅展示了贾跃亭的精明策略，更凸显了其对公司控制权的深思熟虑。在众多股东中，除了贾跃亭本人，还有贾跃民、贾跃芳等人的身影，这种家族式的股权布局，是乐视在业务之外的稳固基石。从股权角度看，这种配置对贾跃亭而言无疑是一种保护。

股东人数的多元化，尤其是贾氏兄妹的参与，使得乐视早期的股权更为集中，有助于贾跃亭在公司中稳固其领导地位。这种安排确保了即使在公司未上市之前，贾跃亭也能依靠家族成员的支持，保持对公司的牢牢控制。

而在乐视上市后，他通过设立多个合伙法人，再利用这些法人投资企业，不仅给予了高管股权激励，确保了新项目的顺利推进，同时也巧妙地维护了自己在整个项目中的直接或间接持股比例。这样的布局，既激励了团队，又保障了创始人对公司方向的把控，避免了项目偏离初衷。

五、公司运营需要团队合作

对于一般人来说，企业的成功离不开员工的紧密团结合作，但对于一些天才而言，成功很大程度来源于他们对自我意志力的贯彻。毫无疑问，马斯克天才的大脑和能力使他能够独立完成从发展策略的制定到各个技术环节的实施，这种能力是一般人不具备的。

他和一般的公司领导有着很大的区别，一般领导只负责把控公司大的发展走向，不必亲自过问细节，下属会去落实这些细节，这也就是社会分工的问题。正是由于这种分工，工作人员之间的合作和信任显得尤为重要。然而马斯克却对公司所有的进程、细节无一不亲自过问，这已经超越了一般企业管理当中的常规界线，这种做法自然会带来很多不必要的摩擦，给合作造成阻碍。

虽然马斯克极力推崇和倡导自由的工作环境，赋予员工很大的自主权和决策权，但他在对待工作目标和结果时却展现出了近乎严苛的一面。他坚信“结果导向”的原则，对员工是否能够在规定的时间内达成预期的目标高度关注和严格要求。马斯克希望在严苛的管理下，所有员工都能像他一样，对每一项任务倾注极大的热情，以严谨的态度和高效的执行力去面对每一个细节，共同推动公司的快速发展和创新突破。

无论是在上班时间还是下班时间，马斯克总是不遗余力地督促员工做得更多并且更好。曾经和马斯克一起在 Zip2 公司和 PayPal 共事过的 IT 主管布兰登・斯派克斯为了解决所有办公室之间网络传输速度不够快的问题，就曾在深夜两点，直接将网线拉进 SpaceX 公司的大楼里，这样就可以满足工程师们运行复杂软件和传输大型图形文件的需要了。斯派克斯说道：“我们在马斯克的要求下，只用了一个星期就搞定了这件事，而不是一般人所要花费的几个月时间。”

马斯克一直以来都在寻找能够跟得上 SpaceX 公司节奏和步伐的承包商。与其漫无目的地在航天领域乱找，他宁愿在不同领域寻找具有相似经历的供应商。一开始，SpaceX 公司需要采购燃料罐，马斯克在中西部找了好几家公司，它们都有制造乳制品和食品加工行业使用的大型金属农用储存设备的经验，而且这些供应商必须和 SpaceX 公司保持一致的步调。

马斯克经常驾着飞机到美国各地拜访这些供应商，有时还会搞突然袭击，以查看这些供应商的工作进度。有一次，马斯克到威斯康星州一家名为 Spincraft（旋转飞碟）的公司视察，他和几名工作人员乘着他的私人飞机抵达，他们到的时候已经很晚，以为会看到 Spincraft 的工人们加班加点地帮他们制造燃料罐。

结果令马斯克失望，Spincraft 的工作进度远远地落后于预定计划，他非常生气地对 Spincraft 的员工说道：“你们已经严重地拖了我们的后腿，这让我很不爽！” Spincraft 的总经理戴维・施密茨说，“马斯克以他的严格标准闻名于世，他总是身先士卒，亲自监督每一个细节”，“当马斯克的心情遇到波折时，我们必须有所准备，因为接下来的氛围可能会变得相当压抑”。在那次考察后的几个月内，SpaceX 公司便在公司内部新增了焊接岗位，彻底摒弃了与 Spincraft 的合作，选择在埃尔塞贡多自主生产燃料罐。

数年后，马斯克反思 Zip2 公司当时的状况，他认识到他本可以用更好的方式来处理和员工的关系。“我从未真正管理过一个团队，”马斯克坦言，“无论是运动队还是其他组织，我从未担任过队长或领导者的角色。我必须深思，究竟是哪些因素在影响团队的运作。”

这种高度个人化的管理风格，在创业初期阶段，能够为公司带来显著的竞争优势和快速的成长速度。因为其独特的决策机制，可以让团队第一时间获得技术支持和解决问题的方案。这种风格往往能够迅速抓住市场机遇，激发团队成员的工作热情和创新能力，从而推动公司实现早期阶段的迅猛发展。然而，随着公司规模逐渐扩大，业务的复杂性和管理难度也随之增加，这种管理风格就会成为抑制团队长期发展的因素，其存在的问题如表 6-4 所示。

表 6-4 高度个人化管理风格存在的问题

问题	具体影响
沟通障碍	由于马斯克的个人风格，团队经常面临沟通障碍。团队成员可能不敢直接提出自己的不同看法或建议，担心被视为挑战权威或不符合公司的主流思想。这种沟通障碍导致了信息的不畅和团队内部的紧张氛围
缺乏多元化视角	团队内部沟通受限，往往导致其缺乏多元化的视角和思考。团队成员可能只从自己的专业领域或角度出发看待问题，而缺乏对其他领域或角度的理解和考虑。这种缺乏多元化视角的情况限制了团队的创新力和解决问题的能力
团队合作文化缺失	长期的个人主义管理和沟通障碍导致团队合作文化缺失。团队成员可能缺乏共同的目标和使命感，缺乏彼此之间的信任和支持。这种缺乏团队合作文化的状态不利于形成高效的团队和创造卓越的业绩

随着时间的推移，一些项目因为团队内部的沟通不畅、协作不力而宣告失败。这些失败经历让马斯克深切体会到，任何宏大构想和前沿技术的落地生根，都离不开高效、团结、互信的团队基础。他逐渐认识到，单凭个人的智慧和力量是无法对抗组织协作中的种种难题的，团队才是推动创新、实现突破的核心动力源泉。因此，马斯克开始反思自己的管理方式，并积极寻求改进和变革，具体措施如表 6-5 所示。

表 6-5　马斯克团队管理方式的变革

措施	具体做法
提高团队管理能力	马斯克开始积极学习团队管理相关的理论和知识。他阅读了大量的管理书籍，参加了各种管理培训课程，并与其他成功的企业家交流心得。通过这些学习，他逐渐理解了团队管理的重要性，并形成了自己的团队管理理念
优化团队结构	为了更好地推进项目，马斯克开始优化团队结构。他根据每个成员的技能和经验，将他们分配到最适合的岗位上。同时，他也鼓励团队成员相互交流和合作，打破部门之间的壁垒
引入科学的人才管理机制	马斯克通过制定明确的招聘标准，吸引更多优秀人才加入团队。同时，他也建立了完善的激励机制，激发团队成员的积极性和创造力
加强团队沟通	为了增强团队的凝聚力和协作能力，马斯克定期组织团队会议，让成员们分享彼此的工作进展和心得。此外，他还鼓励团队成员跨部门合作，共同解决问题和推进项目

通过以上努力，马斯克的团队在各个方面都取得了显著的进步。他们在项目执行过程中，逐步形成了一套高效的工作机制和紧密的合作氛围。项目进展顺利，创新成果层出不穷。这些显著成效让马斯克更加坚信团队管理的重要性，并继续深化团队管理实践。

忽视团队合作的管理方式在短期内可能带来一些成果和突破，但从长期来看，这种管理方式对公司的负面影响是不可忽视的。团队合作的缺失可能导致人才流失、团队士气低落、创新力下降等问题，这些问题将严重制约公司在未来的竞争和发展。因此，我们必须认识到团队合作的重要性，并采取积极的措施来加强团队合作和文化建设，以实现更加长期稳健的发展。

六、选人用人重才华，更要重人品

马斯克在一次采访中说：“我犯过最大的错误是，过度关注一个人的才华，而忽视了他的人品”“我每次都说不会再犯这个错了，结果我又犯了。我认为一个人是否有颗善良的心与是否有一个聪明的头脑一样重要，有时候善良的心可能更加重要。”在马斯克看来，人品远比才华重要。

马斯克一直相信，才华是推动创新和进步的关键。因此，他更倾向于选拔那些在技术、创新和业务能力上表现出色的人。这种过分依赖才华的选拔标准，让他忽略了考察一个人的品质和价值观。他没有意识到，一个人如果缺乏诚信、责任感和团队精神，即使再有才华，也难以在团队中发挥积极作用。

由于过度关注才华而忽视人品，马斯克的团队中出现了一些问题。一次核心机密泄露事件，让特斯拉陷入了前所未有的危机，给马斯克带来了不小的损失，其危害如表 6-6 所示。

表 6-6 特斯拉核心机密泄露的危害

泄露信息	危害
电池技术细节	泄露的文件中包括了特斯拉最新的电池技术细节，如电池的能量密度、充电速度、循环寿命等关键数据。这些技术的公开可能会使竞争对手加速研发进程，甚至直接模仿或超越特斯拉的电池技术
自动驾驶算法	特斯拉的自动驾驶技术是其在市场上的核心竞争力之一。泄露的自动驾驶算法细节可能使竞争对手了解到特斯拉的技术路径和核心策略，从而进行有针对性的研发，甚至可能导致特斯拉的技术领先优势丧失
未来产品规划	泄露的文件中还包括了特斯拉未来几年的产品规划，如新车型的设计、技术升级路径、市场定位等。这些信息一旦落入竞争对手手中，可能导致特斯拉在市场上面临被抢先一步的风险
供应链及合作方信息	供应链的稳定性和合作伙伴的可靠性对于特斯拉的生产和研发至关重要。泄露的信息中包含了特斯拉与供应商、合作伙伴的合同细节、价格策略等敏感信息，这些信息的泄露可能损害特斯拉与合作伙伴的关系，甚至导致供应链中断
市场分析与战略决策	特斯拉的市场分析和战略决策一直是其成功的重要因素。泄露的文件中包含了特斯拉对竞争对手的分析、对市场趋势的预测以及公司的战略方向。这些信息的泄露可能使竞争对手提前调整策略，对特斯拉的市场地位构成威胁
财务与投资数据	财务状况和投资计划是公司运营和发展的重要支撑。公司的盈利状况、成本结构、投资计划等信息的泄露可能损害投资者的信心，导致股价波动，甚至公司市值下降
内部管理文件	内部管理文件是特斯拉运营和管理的核心文件，包括员工信息、组织结构、决策流程等。这些文件的泄露可能导致公司内部混乱，损害员工士气，甚至可能使竞争对手获得针对特斯拉的弱点进行攻击的机会
安全漏洞与风险	特斯拉作为一家技术密集型公司，其产品和技术安全一直备受关注。泄露的信息中可能包含了特斯拉产品或系统的安全漏洞和风险点，这些信息的泄露可能导致黑客攻击或恶意软件的入侵，对特斯拉的产品安全和用户隐私构成严重威胁

此次核心机密泄露事件对特斯拉来说是一次巨大的打击。公司不得不迅速采取措施：一方面，配合相关部门进行调查，以尽可能减少损失；另一方面，加强内部安全管理，以防止类似事件再次发生。与此同时，加强员工的职业道德教育，确保公司能够长期稳定地发展。

此次泄密事件，也让马斯克对才华与人品的关系有了深刻的认知。马斯克意识到：拥有卓越才华但人品不佳的员工，可能会给公司带来短期利益，但长期来看，其潜在的风险和破坏性不容忽视；反之，一个有才华且品德高尚、责任心强的员工，能够在日常工作中坚守原则，与公司共同渡过难关，创造持久且稳健的价值。

经过反思，马斯克开始调整自己的人才选拔策略。在选拔人才时，既充分评估候选人的专业技能、创新能力等“才华”，又高度重视候选人的道德品质和职业素养，如诚信度、责任心、团队协作精神等软实力。他不再只关注一个人的才华，而是更加注重他的人品和价值观。因为才华是推动公司发展、应对行业挑战不可或缺的硬实力，而重视人品则有利于打造一个更加稳定、高效的团队。

马斯克选人用人标准的转变，给我们带来了深刻的启示。对于公司来说，要想立足并脱颖而出，关键在于团队成员具备互补的才华并且都有高尚的人品；对个人而言，我们不仅要追求技术的突破与创新，更要注重个人品质的修养与提升。只有这样，我们才能在追求梦想的道路上走得更远、更稳。

七、强化风险管理意识

人类社会只有经过持续不断充满危机感的时代，才能够达到真正意义上的辉煌；同样对于个人而言也必须经过持续不断充满危机感的生活，才能够走向真正意义上的成功。

在美国有一群濒临灭绝的鹿，被圈在一处水草丰美的地方保护起来，吃了睡、睡了吃，没有任何天敌接近它们。很快鹿群的数量越来越大，但随之而来的是这些鹿的身体越来越差，科学家使用了各种办法治疗它们都不见好。

最后有人提出把“狼医生”请过来，当狼群来到鹿群中间时，“养尊处优”惯了的鹿群仍然傻傻地站在那里。狼看到美食自然就扑咬过去，这时鹿群才知道争相奔逃。就这样，每天狼群追着鹿群在草原上飞奔，凡是跑不动的就被吃掉。几个月之后，这群鹿在狼的追赶下，已经变得“健壮如牛”。

这个故事说明了一个自然法则：群体只有在充满危机感和紧迫感的情况下才能够更好地生存，一个群体没有危险其实就是最大的危险。当人类生活在安逸之中时，也面临和鹿群同样的情况。如果一个人时时都有危机感，就会付出努力和危险进行对抗，在这一过程中，人应对各种复杂环境的能力就会不断提高。

没有危机感就是最大的危机。内心的危机感通常能够使人爆发出惊人的胆识，这是勇气的重要来源之一。危机感迫使人做出改变进行冒险，尤其是关乎生存的危机感，永远能激发出最大的潜力，使人的勇气激增到无所畏惧的地步。

《列子·天瑞》记载：“杞国有人，忧天地崩坠，身亡所寄，废寝食者。”危机感其实是一种心理状态，不一定要身处现实的逆境和困境。身处逆境和困境，危机迫在眉睫，自然谁都会有危机感。但是，聪明的人，善于在顺境下保有危机感，保持忧患意识，使自己依然能够坚持不懈地努力。所谓居然思危、未雨绸缪、有备无患就是这个道理。

随着事业的不断扩大，马斯克逐渐认识到风险管理的重要性。马斯克的风险意识不断增强，开始重视项目中的潜在风险，并采取相应的措施进行预防和管理，以确保计划能够顺利推进。

特斯拉在自动驾驶技术发展过程中，曾发生过与自动驾驶功能相关的事故。这些事故的处置过程，特别是前期的危机预测与风险评估，充分展示了马斯克的危机管理意识。具体处置过程如表 6-7 所示。

表 6-7　特斯拉自动驾驶功能事故的处置过程

举措	具体做法
危机预测	在自动驾驶技术推出的初期，马斯克就预测到可能会出现技术故障或误判
风险评估	特斯拉的风险评估团队不断监控自动驾驶技术在各种路况和条件下的表现，并对潜在风险进行识别和评估。这些评估帮助特斯拉及时识别系统中的问题，并在必要时采取预防措施
快速响应	当自动驾驶事故发生时，特斯拉迅速响应。在事故发生后的几小时内，特斯拉发布软件更新，修复导致事故发生的技术问题。同时，公司与相关部门合作，对事故进行深入调查
公开透明	马斯克强调与公众保持开放和透明的沟通。特斯拉定期发布关于自动驾驶技术的安全性和性能报告，并向公众解释事故发生的原因和采取的改进措施。这种透明度有助于增强公众对特斯拉的信任
及时沟通	在事故发生后，马斯克与受影响的员工及其家属进行及时沟通，表达关心和歉意，并确保他们得到必要的支持和帮助。这种沟通有助于维护员工对公司的忠诚度和信心
危机公关	面对媒体和公众的质疑，马斯克和特斯拉的公关团队采取积极主动的策略，解释事故原因，展示正在采取的措施，并强调公司对安全的承诺。他们通过召开新闻发布会、发表声明和回答媒体提问等方式，与公众和媒体保持良好的沟通
持续改进	在事故调查和处理过程中，特斯拉会识别导致事故发生的根本原因，并采取措施进行改进。这可能包括改进自动驾驶算法、增加安全功能或提高系统的稳定性。特斯拉还与其他行业和监管机构合作，共同推动自动驾驶技术的发展和安全标准的提升

马斯克预见了自动驾驶功能可能存在的问题并提前制定了预防措施，让他能够高效应对此次事故。在事故处置中展现出的危机管理意识，让马斯克成功捍卫了特斯拉的品牌声誉，并稳固了消费者对品牌的信任。这充分说明，我们必须时刻保持危机感，持续强化风险管理意识，以便有效应对未来可能出现的各种挑战与危机。

八、五步工作法

马斯克的成功不仅源于对技术的深刻理解和创新，更在于其独树一帜的工作方法。五步工作法，正是马斯克历经无数挑战与机遇，不断摸索与总结的宝贵经验。五步工作法包括：质疑每一项需求、删减要求和流程、简化和优化必选项、加快循环周期以及自动化，其具体内容如表 6-8 所示。五步工作法不仅包含了对技术创新的重视，更融入了对效率、资源优化、团队协作等多个方面的深入思考。每一步都紧密相连，共同构成了一个高效、创新且实用的管理体系。

表 6-8 马斯克的五步工作法

步骤	核心理念	应用举例
质疑每一项需求	判断真假需求，不要盲目接受已有的规则或假设，而是对每项要求进行深入的质疑和审视，确保它们真正符合目标和愿景	马斯克质疑特斯拉电动汽车电池采购旧模式，发现中间环节只为保护利益，而无益于电池性能与成本。因此，他摒弃了多级供应商，直接与电池原材料厂商合作，简化了从采购到组装的流程
删减要求和流程	清理不适合的人、事、物，去掉所有冗余，保留核心需求	马斯克通过优化特斯拉工厂部门间的协作机制，减少了繁琐的对接工作。他强调跨部门协作，打破部门壁垒，实现信息共享和资源的有效整合。这使得各部门能够更好地协同工作，减少了重复劳动和沟通障碍，从而提高了效率
简化和优化必选项	对现有的流程进行进一步的简化和优化，消除复杂和混乱的因素，提高效率和质量的指标，实现流程的最佳化	马斯克优化特斯拉工厂车辆组装流程，将传统冲压、焊接、涂装、总装等多阶段串联生产转变为模块化、并行工程并联生产，缩短周期、提高效率
加快循环周期	在前 3 步出色完成的基础上，加快反馈和执行的速度，以迅速迭代和改进	马斯克在特斯拉发展的时间分配上，优先保障研发与生产线升级，而非车展筹备等次要活动。这不仅加快了新产品的推出速度，还显著提升了产品的质量和性能，从而在激烈的市场竞争中保持领先地位

续表

步骤	核心理念	应用举例
自动化	利用先进的技术和工具，将重复性、低价值的工作自动化，提高工作效率和质量，降低成本和风险	马斯克在特斯拉的发展过程中，非常重视技术手段的利用，强调让重复性工作自动化运行，如自动化生产线和机器人等，释放出人力去专注更高价值的事务

马斯克的五步工作法以独特的创新思维、精简高效的操作理念、快速响应市场的能力、技术驱动的发展策略以及系统优化的全局视角，为我们在复杂多变的环境中寻找突破、实现卓越提供了强大的动力。

马斯克的五步工作法教会我们不仅要敢于去梦想，更要勇于去实践，用创新的思维去解决问题，以高效的方式去创造价值。这一方法鼓励我们不断挑战自我、优化流程、快速适应，利用科技的力量推动发展，同时不忘从全局出发，追求整体的最优化，确保实现可持续发展的目标。

附录

马斯克的童年冒险

在美国，乃至全球范围内，埃隆·马斯克被贴上了商业领袖、发明家、工程师等诸多标签，因而被许多人视为现实生活中的“钢铁侠”。他凭借极高的创新热情和冒险精神，在科技、能源、交通等多个领域展现出了非凡的商业远见和超强的执行力。

马斯克对技术革新怀有强烈的热情，这种热情引导他成立了诸如 SpaceX 公司和特斯拉这样的公司，它们在各自行业内实现了革命性的突破，并推动了整个行业的进步。特别是 SpaceX 公司，该公司不仅在火箭重复使用技术上取得显著进展，而且在探索太空方面设定了宏伟的目标，比如实现人类在火星定居。马斯克对这些未知领域的持续探索与尝试，充分展现了他希望通过科技进步来改善人类生活的愿景。

此外，马斯克还积极推动清洁能源的使用和发展，倡导用电动汽车替代燃油汽车，以减少全球温室气体排放，为地球环保事业做出了巨大贡献。马斯克在发展太空探索和新能源汽车时展现出的决心和行动力，使得很多人将他视为“拯救地球的超级英雄”。

除了这些“英雄”的形象，媒体和公众还给予了马斯克一个戏谑而贴切的评价——那个想把人类送上火星的“疯子”。这个称呼背后蕴含了对马斯克非凡想象力和执着追求的认可，同时也反映出社会大众对马斯克能否成功将人类送往火星的好奇与关注。

是什么独特的成长环境和人生经历塑造了马斯克那份超越常人的冒险性格，使他在面对生活中的种种困境与挑战时，总能展现出一种无畏艰难、勇往直前的决心？又是什么精神力量或者生活哲学驱使他对那些宏伟愿景——别人眼中近乎“不自量力”，甚至在理性审视下显得“荒诞可笑”的工程，一次又一次地发起挑战，并付诸实际行动？

马斯克特立独行的处事风格和不畏一切的冒险精神源自他母亲家里沿袭数代的放任自流的教育方式，这种方式最早开始于他的外祖父。马斯克的外祖父是一位从事过农夫、建筑工、牛仔表演演员还有按摩师的加拿大人，在他事业达到顶峰的时候，却毅然离开故土，开启了一段新的征程——举家迁往南非。外祖父的意外离世让马斯克没能有机会真切地感受他的冒险精神，没能有机会参与他的冒险旅程，但母亲梅耶经常把外祖父那些深入丛林寻找失落之城、驾驶私人飞机穿越大洲大洋的冒险故事，讲给小小的马斯克听。这些故事对马斯克影响深远，他也像外祖父一样热衷冒险，即使很多事情胜算不大，他也全力以赴。

马斯克从小就是一个脑袋装满奇思妙想、敢于打破常规、时常出乎父母意料的孩子。

6 岁的时候，马斯克被禁足在家，但是他的表弟在家举办了一个派对，马斯克特别想去参加。表弟的家在城市的另一头，距离马斯克家大约有 19 公里。他本打算骑自行车去，但是母亲告诉他骑自行车需要执照，如果没有的话在路上可能会被交警扣下。马斯克对母亲说的话将信将疑，等到母亲带着弟弟妹妹出门之后，马斯克最终决定偷偷走路去表弟家。路程比他想象的要远得多，大约花了四个小时走到表弟家门口。这时候派对结束了，马斯克的母亲正好带着他的弟弟和妹妹从表弟家出来，被出现在门口的马斯克吓了一大跳。马斯克看见自己被母亲发现了，急忙跑到表弟家的后院，爬上一棵树并且拒绝下来。6 岁的时候独自走了 19 公里，这是马斯克人生中的第一场探险。

长大一点的马斯克，对冒险旅行的热爱愈发强烈。他总是期望在冒险旅行中能有惊奇的发现，能给自己带来启发和收获。他喜欢探索未知的世界，挑战自己的极限。马斯克少年时期最大胆的一次冒险经历是从比勒陀利亚到约翰内斯堡的旅行。20 世纪 80 年代的南非，是一个相当不太平的地方。那时的南非，暴力事件频发，人民的生命财产完全得不到保障。比勒陀利亚到约翰内斯堡的路程仅有 56 公里，但这段路被认为是世界上最危险的路。然而，在这样的背景下，马斯克却选择了这个充满挑战和危险的旅程。

马斯克后来谈起这次旅行，他说："这次火车之旅对我的成长影响深远，它让我认识到南非不是一个随心所欲的地方，我看到了很多非常野蛮的行为，对我产生了很大的影响，这成为我不同寻常成长历程的一部分。从这件事后，我改变了对冒险的看法，那时的我开始意识到我长大后，不能仅仅为了一份工作而活着，因为那样的生活实在是太无趣了。"

少年时期的马斯克热衷于阅读各类书籍，尽管外界可能将他视为典型的"书呆子"，但他的性格却不是沉默寡言的。实际上，他总是以一副求知若渴、敢于尝试的姿态带动周围的人参与到各种刺激的冒险中。马斯克常常带领着他的弟弟金巴尔以及三个表弟——罗斯·里沃、林登·里沃和彼得·里沃，一同策划并实施各类充满童趣且富有挑战的冒险活动。

有一次，因为感觉购买或赠送现成的复活节彩蛋很无趣，这群孩子决定在复活节期间自己动手制作并贩卖彩蛋。他们找来了硬壳纸、彩笔、胶水等简易材料，精心制作出一批虽然装饰并不华丽但充满童真的彩蛋。彩蛋制作完成后，他们穿梭于附近几个街区，挨家挨户地推销自己的"产品"，虽然这些彩蛋并不具备市场上售卖的彩蛋那样的华丽外观和精致包装，但他们凭借着机智和勇气，将这些自制彩蛋的价格提升了数倍，并成功将其销售给了那些相对富裕的邻居。

读书为马斯克打开了一个崭新的世界，让他对书中的每一个新概念、新理论都充满了好奇与探索的欲望。他不满足于理论学习，更渴望通过实践来验证和深化理解。这种求知若渴的精神驱使着马斯克采取行动，将书本上的知识转化为现实中的创新实践。马斯克曾组织孩子们在家自制火箭。要知道在南非这个相对落后的国家，并没有深受火箭业余爱好者喜欢的火箭套装，马斯克就决定自己动手制作化合物，然后把他们装进罐子里。虽然这些行为带有一定的危险性，但正是这种冒险精神和对未知世界的探索欲望，使马斯克日后在科技领域取得了一系列惊人成就。

除了玩火箭，马斯克还会和男孩子们一起穿上防护服、戴上护目镜，用弹球枪相互射击。马斯克和弟弟金巴尔还常常在沙地里进行自行车比赛，乐此不疲，直到一次金巴尔从车上摔了下来，径直冲向了一个布满倒刺的铁丝网，他们这项刺激的运动才停止下来。

在马斯克十多岁的时候，他对于派对文化与极客文化的热衷达到了顶峰。当时马斯克生活和学习都是在约翰内斯堡，这个地方为马斯克提供了丰富多彩的极客社区和生活环境。在这座充满活力且富有创新气息的城市中，马斯克很容易沉浸于各种科技、幻想艺术以及桌游等极客文化的体验之中。有一次，在约翰内斯堡的一家小店里，马斯克和其他孩子一起参加了一场别开生面的"龙与地下城"比赛。

在当时，几乎所有的男孩儿都迷恋这种角色扮演游戏。这个游戏的玩法是：需要玩家通过想象去设定场景并描述场景。"你走进了一个房间，角落里放着一个箱子。你要怎么做？……如果打开这个箱子，你就中了圈套，几十个小妖怪就自由了。"马斯克最擅长的角色是"地牢之主"，他能准确地记下每个怪物还有其他角色的技能细节。只要在马斯克的带领下，大家都发挥得很好，经常赢得比赛。马斯克在冒险活动中和同伴相处得十分愉快，并且经常扮演领袖角色。

马斯克的初中和高中学业是辗转几所学校才完成的。在马斯克的高中同学的记忆里，马斯克安静而普通，他不被认为是班里最聪明的学生，他不爱体育运动，要知道在这个崇尚体育的国度里，马斯克在这一点上显然是不被大家欢迎的。马斯克没有在班里担任过"一官半职"，没有任何迹象表明数年以后他会有如此大的成就——缔造了一个庞大的商业帝国。大家对他取得这样的成就都感到十分惊讶。

马斯克在这所学校里平凡而不起眼，也没什么特别亲密的朋友，但他古怪的兴趣时至今日依然让同学们印象深刻。据一个叫泰得·伍德的男孩回忆，马斯克经常把自制的火箭模型带到学校，而且会在课间休息的时候点火发射。在科学课的辩论会上，马斯克反对使用矿物燃料而是支持太阳能，这对于一个致力于挖掘地球自然矿产的国家简直就是挑战和亵渎。伍德说："他一直都是立场坚定的。"而另一位同学特雷斯·本尼，多年来一直和马斯克保持着联系，他声称马斯克在高中时期已经表现出移民地球以外的其他星球的强烈欲望。

还有一件事，似乎也向我们暗示了马斯克后来的创业历程。一次课间休息时，马斯克和金巴尔在户外聊天，这时，同学伍德走了过来，好奇地询问他们在聊什么，马斯克便提到他们在探讨银行业的一些潜在创新点，尤其是银行是否真的需要实体分支机构，以及是否能够转向完全无纸化的内部操作。这种话题在当时看来颇为前卫，甚至有些反传统。银行业一直依赖于广泛的分支网络和大量的现金交易来运营。马斯克此举不仅反映了他对现有系统的深刻洞察，还显示了他挑战常规、探索未知领域的勇气。面对这种开创性的思考，伍德无话可说，只能应付地说："这真是个棒极了的想法！"

马斯克的童年是幸运的但又是不幸的。他出生在一个富裕的家庭，这一优势为他日后的成长提供了良好的物质基础和丰富的精神滋养。马斯克很早便有机会接触到当时较为先进的教育资源和计算机技术，这无疑为他日后的创新创业奠定了坚实的基础。马斯克从小就展现出了超乎常人的独立性和求知欲，他每一天都沉浸在知识的海洋中，对未知的世界充满好奇，尤其对科技和工程领域有着近乎痴迷的兴趣。

然而，尽管物质生活富足，但马斯克的家庭生活却并不和谐。他的父母在他还年幼时便因种种原因离婚，各自分居，这使得他的童年生活缺少了应有的家庭温暖和父母双方的陪伴。这样的环境让他在一定程度上感受到了孤独与不安，也促使他在阅读世界中寻找慰藉和乐趣。他痴迷于阅读各类书籍，从书中汲取知识，了解大千世界、宇宙万物，他让自己沉浸在书海中，通过阅读来满足对外部世界的探索欲望。

在孤独的童年时期，他逐渐养成了一个习惯，那就是沉浸在自己的幻想世界中。在这个世界里，他赋予自己拯救世界的强烈使命感，他想象自己是一位英雄，肩负着改变世界、探索未知的重任。这种强烈的自我期望和使命感驱使着他不断前行，让他在随后的数年乃至今天都在为之冒险和奋斗。

参考文献

[1] 柳卸林，杨萍，常馨之，等. 商业模式驱动的颠覆式创新范式——基于 SpaceX 的探索性案例研究 [J]. 科技管理研究，2023，43 (17)：31-39.

[2] 盛英华，吴佳林，王玮. SpaceX 发展之路——互联网模式下的商业航天 [J]. 张江科技评论，2022 (3)：32-35.

[3] 张锦程. SpaceX 龙飞船载人首飞 [J]. 十几岁，2020 (16)：6.

[4] 乔琦，埃里克・贝尔格. “猎鹰 9 号”才是 SpaceX 大获成功的秘密 [J]. 世界科学，2020 (7)：6-9.

[5] 吴业鹏，焦媛媛. SpaceX 的颠覆式创新 [J]. 企业管理，2019 (9)：67-69.

[6] 红星新闻. SpaceX 庆生，“星舰”冲入太空：40 多分钟的试飞，到底发生了啥 [EB/OL]. (2024-03-15). https://baijiahao. baidu. com/s?id=1793604470258036738&wfr=spider&for=pc.

[7] 新华社客户端. 不仅是技术，SpaceX 真正的领先在于…… [EB/OL]. (2024-03-27). https://baijiahao.baidu.com/s?id=1794673134988247987&wfr=spider&for=pc.

[8] 主任在广州. 马斯克的时间管理法则：五个要点让你在职场上一骑绝尘 [EB/OL]. (2023-05-23). https://baijiahao.baidu.com/s?id=1766686086856963834&wfr=spider&for=pc.

[9] 第一性原理 [J]. 国企管理，2023，(7)：126.

[10] 知乎. 特斯拉 2008—2023 的产品路线图是什么样的 [EB/OL]. (2023-09-25). https://zhuanlan.zhihu.com/p/459765406.

[11] 金联财社. “狂人”马斯克懊悔自己年轻时没人教他的“50 种认知偏差” [EB/OL]. (2022-04-20). https://baijiahao.baidu.com/s?id=1730562249895879450&wfr=spider&for=pc.

[12] 北京日报客户端. 我国为何要大力发展商业航天？先来看 SpaceX 的一组数据 [EB/OL]. (2024-04-05). https://baijiahao.baidu.com/s?id=1795484890817547700&wfr=spider&for=pc.

[13] 李木子. 首位脑机接口移植者可意念操控鼠标 [N]. 中国科学报，2024-02-26 (002).